W0179224

blv sportpraxis

richtig tischtennisspielen

Martin Sklorz
Ralf Michaelis

Dritte Auflage

BLV Verlagsgesellschaft
München Wien Zürich

CIP-Titelaufnahme der Deutschen
Bibliothek

Sklorz, Martin:
Richtig tischtennisspielen /
Martin Sklorz; Ralf Michaelis. –
3. Aufl. – München;
Wien; Zürich: BLV Verlags-
gesellschaft, 1988
  (blv sportpraxis; 211)
  ISBN 3-405-12135-3
NE: Michaelis, Ralf:; GT

Bildnachweis

Alle Fotos und Bildserien von
Jürgen Kemmler außer:
Konrad Wiese Seite 6, 8, 9, 10, 11,
32, 38, 46/47, 50/51, 52/53, 55, 60,
70, 74/75, 82, 86/87, 96/97, 100,
122, 125, 126
Titelfoto: Jürgen Kemmler
Grafik: Hellmut Hoffmann

blv sportpraxis 211

© 1979 BLV Verlagsgesellschaft mbH,
München 1988
8000 München 40

Gestaltung: Anton Walter

Druck: Appl, Wemding
Bindung: Großbuchbinderei Monheim

Printed in Germany · ISBN 3-405-12135-3

Inhalt

Einführung

Heute wird Tischtennis als Volkssportart, das heißt Sport für jedermann oder aber – aufgrund der lebenslangen Ausübungsmöglichkeit – als Lifetime-Sport gepriesen. Diese enorme Entwicklung zeichnete sich zwar schon seit drei Jahrzehnten ab, doch der steile Aufwärtstrend in den siebziger Jahren wurde selbst von den größten Optimisten nicht erwartet. Derzeit spielen bei uns allein 600 000 Spieler in rund 9000 Vereinen Tischtennis. Bemerkenswert sind aber vor allem die 6 Millionen Menschen aller Altersklassen, die in ihrer Freizeit diese Sportart betreiben. Untersuchungen weisen Tischtennis als »die« Freizeitsportart aus.

In der ganzen Welt spielen sich schätzungsweise 250 Millionen Menschen den kleinen Ball zu. Damit ist Tischtennis zahlenmäßig eine der beliebtesten Sportdisziplinen.

Ein Entwicklungsstopp ist noch nicht abzusehen. Viele wollen noch diese überall durchführbare Sportart erlernen.

Doch an dieser Stelle muß auch festgestellt werden, daß bereits viele Interessenten dem Tischtennisspiel nach den ersten Versuchen verlorengingen. Der Grund lag stets in der fehlenden fachlichen Anleitung. Man lernte nicht schnell genug, resignierte zu früh und verpaßte dadurch leider die sehr gute Möglichkeit, seine Freizeit durch diese interessante Sportart zu bereichern.

Deshalb ist dieses Buch so aufgebaut, daß es sowohl in der Hand eines freizeitorientierten Hobbyspielers als auch in der eines »Experten« als Leitfaden dient.

Die Konzeption des Buches ist weiterhin auf die Lehrarbeit im Gruppenunterricht zugeschnitten. Die Übungsleiter im Verein, die Sportlehrer in der Schule, die Leiter von Gruppen in Freizeitinstitutionen, Sanatorien, Betrieben, Altersheimen und Kinderheimen haben hiermit eine verständliche methodisch-didaktische Anleitung.

Wir wünschen allen Interessenten beim Lernen und vor allem beim Spielen viel Spaß.

Ralf Michaelis   Martin Sklorz

Einführung

Wer kann Tischtennis spielen? – jeder!

Das ist das Faszinierende dieser Sportart. Denn egal, ob jung oder alt, männlich oder weiblich, behindert oder gesund, freizeit- oder leistungsorientiert – Tischtennis spricht alle an.

Wo kann man Tischtennis spielen? – überall!

Tischtennis hat den Vorteil, daß man es sowohl im Freien als auch in Räumen ausüben kann. Im Freizeit-Tischtennis ist lediglich eine Mindestfläche von 2,50–3 m Breite und 4–5 m Länge notwendig. Natürlich sind größere Flächen idealer. So kann festgehalten werden, daß Tischtennis auf Terrassen, Vorplätzen, im Keller und anderen Räumen, in Jugend- und Gemeinschaftsräumen und natürlich in Clubräumen und Sporthallen gespielt werden kann. Bei ein wenig Erfindungsgabe wird immer eine Fläche vorhanden sein.

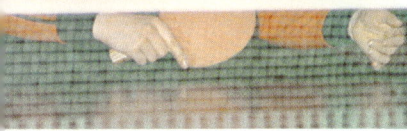

Was kann man beim Tischtennis trainieren? – sehr viel!

Grundsätzlich kann man seine
- physischen Fähigkeiten (Schnelligkeit, Koordination, Ausdauer, Kraft, Beweglichkeit)
- psychischen Fähigkeiten (Denken, Erleben, Konzentration, Reaktion, Selbstkritik, Geselligkeit, Fair play)

trainieren.
Im übertragenen Sinne »trainiert« man an der Verbesserung seiner Persönlichkeit.

TIP
Falls Sie sich oft beim Spiel ärgern sollten, so überprüfen Sie doch einmal Ihre Einstellung zu diesem Spiel; denn eigentlich sollten Sie nur Spaß daran haben. Oftmals verhindern z. B. übertriebener Ehrgeiz, falsche Einschätzung des Spielvermögens, Nichtanerkennung der gegnerischen Leistung usw. den notwendigen Spaß und die wichtige Entspannung, die durch das Spiel erlangt werden soll.

Wie hoch ist die Verletzungsgefahr beim Tischtennis? – gering!

Von den 20 populärsten Sportarten der Welt ist Tischtennis diejenige, bei der am wenigsten Verletzungen auftreten! Deshalb kann sie auch noch bis ins hohe Alter betrieben werden.
Trotzdem: Im Hochleistungssport macht sich der Spieler vor einem Spiel genauso intensiv »warm« wie ein Fußballspieler.

TIP
Auch der Freizeitspieler sollte vor dem Spiel einige Minuten »Aufwärm-Training« betreiben.

Einführung

Welche Institutionen bieten Tischtennis an? – viele!

Da die Werte des Tischtennisspiels bekannt sind, bieten viele Institutionen Tischtennis an. Dazu gehören:

- Sportvereine
- Schulen, Hochschulen
- Betriebe, Behörden
- Freizeiteinrichtungen
- Krankenhäuser, Sanatorien
- Altersheime, Kindergärten.

TIP

Schließen Sie sich doch einer Institution, die für Sie infrage kommt, an. – Übrigens: Die Sportvereine warten auf Sie!

Wie teuer ist Tischtennis? – nicht teuer!

Wenn Sie sich privat eine Ausrüstung kaufen, so beträgt der Anschaffungspreis von Tisch, Netz und zwei Schlägern in guter Qualität 400–500 DM.
Sollten Sie sich einem Verein anschließen, so beträgt der Vereinsbeitrag zwischen 5 und 10 DM monatlich. Kinder und Jugendliche zahlen nur 2–5 DM.

Einführung

Wie erlernt man Tischtennis am schnellsten und sichersten? – mit Anleitung!

Sichern Sie sich einen Freund oder Bekannten, der Sie trainiert. In Vereinen oder anderen Institutionen ist ein ausgebildeter Übungsleiter oder Trainer die ideale Lösung. Ein Helfer für Sie, Übungsleiter und Trainer soll auch dieses Buch sein.

Wann sollte man Tischtennis spielen? – immer!

Tischtennis ist ja nicht saisonabhängig. Nutzen Sie diesen enormen Vorteil.

TIP

Egal, wo Sie diesen Sport auch ausüben, sollte das *regelmäßige* Spielen im Vordergrund stehen. Ideal ist 1 × täglich.

- Spielen Sie nicht zu lange auf einmal. Vorschlag: 30 Minuten, danach erst einmal eine Pause.
- Spielen Sie mit vielen Partnern.
- Spielen Sie nicht, wenn Sie absolut keine Lust haben.
- Teilen Sie die zur Verfügung stehende Spielzeit in zwei gleichlange Abschnitte ein: Trainieren – Spielen.

Ausrüstung

Tischtennisschläger

Der Tischtennisschläger ist das wichtigste Gerät des Tischtennisspielers. Das Angebot im Fachhandel sowie in Kaufhäusern ist so mannigfaltig, daß es ratsam ist, die folgenden Ausführungen und Tips beim Kauf zu beachten.

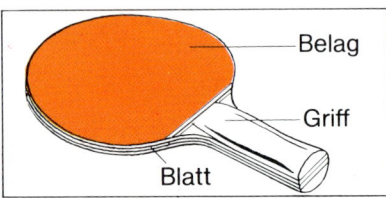

Belag
Griff
Blatt

Schlägergriff

- Er muß so beschaffen sein, daß der Schläger bequem von der Hand umfaßt werden kann und auch fest in der Hand liegt.
- Er darf nicht aus der den Schläger umfassenden Hand herausragen.

Schlägerbelag

Folgende Beläge stehen zur Auswahl:

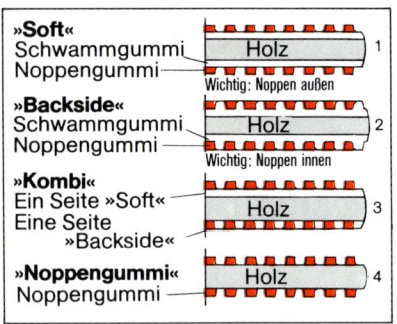

»Soft«
Schwammgummi
Noppengummi — Holz 1
Wichtig: Noppen außen

»Backside«
Schwammgummi
Noppengummi — Holz 2
Wichtig: Noppen innen

»Kombi«
Ein Seite »Soft«
Eine Seite Holz 3
»Backside«

»Noppengummi«
Noppengummi — Holz 4

Wichtig: Die Dicke der Schwammgummi-Unterlage variiert zwischen 1,0–2,5 mm. Die Gesamtdicke des Belages kann bis zu 4 mm betragen.

Spieleigenschaften

Backside-Beläge eignen sich für alle technisch-taktischen Belange des Tischtennisspiels.
Soft-Beläge sind grundsätzlich Abwehrspielern zu empfehlen.
Noppengummi-Beläge eignen sich nur für wenige Abwehrspieler.

Tips zum Kauf von Belägen:
Allgemeiner Grundsatz: Kaufen Sie nicht den billigsten Belag, da die *Haltbarkeit,* die *Elastizität* der Schaumgummi-Unterlage sowie die *Griffigkeit* der Noppengummi-Auflage ungenügend sind.

Tips beim Schlägerkauf für Anfänger und Fortgeschrittene
Wählen Sie einen *Backside-Belag* mit einer Schaumgummi-Unterlage von *1,5 mm* (Preis: 20–30 DM).

Tips beim Schlägerkauf für Könner

- Könner sollten sich bei der Wahl von ihrem technisch-taktischen Spielverhalten leiten lassen.
- Als Angriffsspieler sollte man einen dicken Backside-Belag (2–2,5 mm Schaumgummi-Unterlage) mit großer Elastizität und Griffigkeit wählen.

- Als Verteidigungsspieler wählt man am besten einen Backside-Belag oder einen sog. Antitop-spin-Belag.
- Der Allroundspieler kann auch mit zwei verschiedenen Belägen, z. B. (Soft/Backside) große Erfolge haben.

Schlägerblatt
Nach den internationalen Tischtennisregeln muß das Schlägerblatt aus Holz bestehen.

TIP
Wählen Sie nicht das billigste Schlägerblatt aus. Es lohnt sich, einen teureren Schläger zu kaufen; denn solche Schläger sind haltbarer und haben eine größere Formstabilität.

Pflegegrundsätze
- Das Schützen des Schlägers vor Beschädigungen durch eine Schlägertasche (Preis etwa 5 DM) ist sinnvoll.
- Die Reinigung des Schlägerbelages in regelmäßigen Abständen mit lauwarmem Wasser oder Belagsreiniger (im Fachhandel erhältlich) ist ratsam.
- Die Aufbewahrung des Schlägers in Hitze oder Kälte vermeiden.
- Abgespielte Beläge auswechseln. (Keinen neuen Schläger kaufen)!

Tischtennistisch

Der Tisch ist hinsichtlich seiner Maße, der Ballsprungeigenschaften und der Farbe genormt (DIN 7898). Das Material ist beliebig, muß jedoch den Anforderungen der DIN 7898 entsprechen. Die Oberfläche muß mit einer dunklen (meist grünen) Farbe versehen sowie matt (nicht reflektierend) sein.

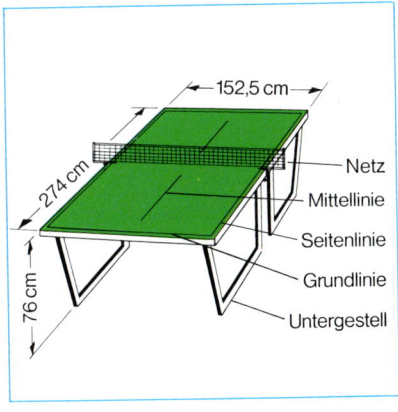

TIP
- Nur Tische kaufen, die mit der DIN-Nummer 7898 gekennzeichnet sind.
- Darauf achten, daß der Tisch aus zwei Hälften besteht. Er ist dann leichter zu transportieren.
- Der Tisch sollte ein einklappbares Untergestell aufweisen. Dadurch läßt er sich leichter abstellen.
- Nur »wetterfesten« Tisch kaufen, falls dieser auch im Freien aufgestellt werden soll.

Ausrüstung

Pflegegrundsätze

- Beschädigungen der Tischoberfläche können vermieden werden, indem beim Abbau des Tisches die Spielflächen stets gegeneinandergestellt werden.
- Reinigung der Spielfläche von Staub und Schmutz nicht vergessen.

Netz

Das Tischtennisnetz ist genormt und teilt die Spielfläche in zwei gleichgroße Spielfelder. Es besteht aus zwei Netzpfosten und dem Netz (Netzvolumen). Das Netz wird durch häufigen Auf- und Abbau stark beansprucht. Es ist daher empfehlenswert, sich ein strapazierfähiges Netz anzuschaffen. Es lohnt sich, beim Netzkauf nicht zu sparen (Kosten zwischen 30 und 70 DM).

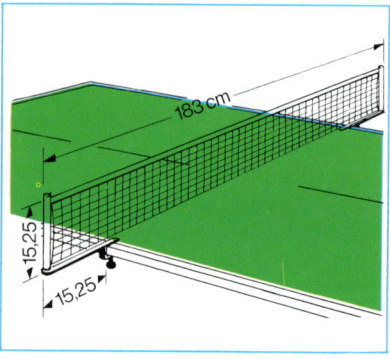

TIP
Kauf eines »Allwetter-Netzes« zum Spiel im Freien.

Ball

Durchmesser, Gewicht und Sprunghöhe des Balles sind vorgeschrieben. Ein Ball besteht aus Zelluloid oder Kunststoff, er weist eine mattweiße oder mattgelbe Farbe auf.

Ob Sie einen weißen oder gelben Ball wählen, hängt von der Beschaffenheit Ihres Spielraumes (Hintergrund und Fußboden) ab. Grundsätzlich hat der gelbe Ball den Vorteil, daß er besser wahrgenommen werden kann.

Im Handel werden Bälle unterschiedlicher Preisklassen (0,50–1,20 DM) angeboten. Wettkampfbälle sind in drei Klassen eingeteilt. Sie werden durch Sterne und einen Prüfstempel gekennzeichnet. Der 3-Sterne-Ball als bester und teuerster Ball unterscheidet sich vom 2- und 1-Sterne-Ball dadurch, daß Gewicht und Sprungverhalten stets gleich sind.

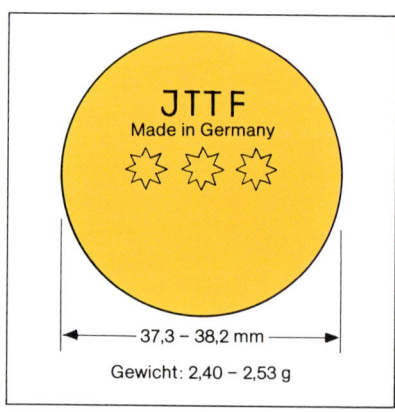

JTTF
Made in Germany

37,3 – 38,2 mm
Gewicht: 2,40 – 2,53 g

TIP

- Für den Freizeitbereich und zu Trainingszwecken genügen 1- und 2-Sterne-Bälle.
- Nur mit intakten Bällen spielen. Deshalb den Ball vor dem Spiel überprüfen.
  Überprüfung: Ein beschädigter Ball »knistert«, wenn er unter leichtem Druck mit dem Schläger auf der Spielfläche gerollt wird.
- Könner überprüfen vor dem Spiel die Rundung und Intaktheit des Balles.
  Überprüfung: Ein runder Ball »eiert« nicht, wenn ihm auf der Spielfläche ein Drehimpuls gegeben wird.

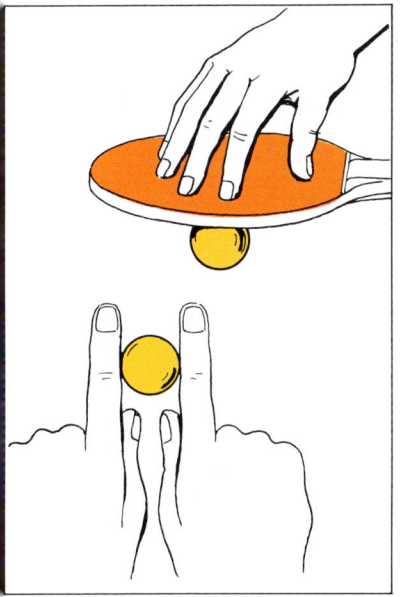

Tischtenniskleidung

Tischtennis kann man selbstverständlich in jeder Bekleidung spielen. Nur für den Wettkampfsport bestehen Regeln. Dabei sind helle oder weiße Farben untersagt, da sonst der Gegner durch den fehlenden Kontrast zum Ball behindert wird.

Trikot
Wählen Sie schweißaufsaugendes Material. Achten Sie auf bequemen Sitz.

Shorts und Rock
sollten genügend Bewegungsfreiheit zulassen.

Schuhe
sollten leicht sein und eine rutschfeste Sohle aufweisen.

Sportsocken
sollten schweißaufsaugend und haltbar sein.

Trainingsanzug
Gehört unbedingt zur Sportbekleidung. Er sollte erst dann abgelegt werden, wenn man zu schwitzen beginnt.

Theorie

Durch das Aneignen von theoretischen Kenntnissen werden folgende Vorteile geschaffen:

- Verständnis für die Probleme.
- Praktische Schwierigkeiten werden erkennbar und lösbar.
- Schnellerer Lernerfolg in der Praxis.

Geschwindigkeit des Balles

Die Ballgeschwindigkeit beim Tischtennisspiel schwankt zwischen 20–170 km/h. Entscheidend für die Ballgeschwindigkeit ist die Schlagart. Dabei kann folgende Grundregel aufgestellt werden: Es gibt

- Schlagarten, die den Ball »voll« treffen = hohe Geschwindigkeiten.
- Schlagarten, die den Ball »anreißen« = niedrige Geschwindigkeiten.

Wichtig: Unser Auge täuscht uns oftmals eine hohe Geschwindigkeit vor, wenn, wie z. B. beim Topspin-Schlag, der Spieler einen enormen Bewegungsaufwand tätigt. Die Geschwindigkeit des Balles bei einem Topspin-Schlag ist jedoch geringer als man annimmt, da ein großer Teil der Schlagwirkung in einen »Drall« des Balles umgewandelt wird.

Geschwindigkeitstabelle

	Geschwindigkeit in km/h	Schlagart
langsam	20–60	alle Schlagarten mit extremem Vorwärts- und Rückwärtsdrall
mittel	60–100	alle Schlagarten mit »normalem« Vorwärts- und Rückwärtsdrall
schnell	100–170	alle Schlagarten ohne oder mit wenig Drall, die mit einem schnellen Armzug durchgeführt werden

Geschwindigkeit der Schlagbewegung

Der Schlagarm allein kann bei schnellster Zugbewegung eine maximale Geschwindigkeit von rund 50 km/h erreichen (Meßpunkt: Mitte der Handfläche). Mit dem Schläger konnten maximale Geschwindigkeiten von 70 km/h registriert werden (Meßpunkt: Mitte der Schlägerfläche).

Geschwindigkeitstabelle

Geschwindigkeit in km/h		Schlagart
langsam	5–20	alle Schlagarten mit langsamer Schlagbewegung. Merkmal: Bälle werden grundsätzlich kurz und weich gespielt
mittel	20–40	alle Schlagarten mit mittlerer Schlagbewegung. Merkmal: Bälle werden grundsätzlich mittellang und nicht hart gespielt
schnell	40–70	alle Schlagarten mit schnellster Schlagbewegung. Merkmal: Bälle werden grundsätzlich lang und hart gespielt

Wichtig: Ausnahmen zu den angegebenen Kriterien der Geschwindigkeitstabelle sind gegeben. So wird der Topspin-Schlag mit einer schnellen Schlagbewegung gespielt, obwohl der Ball oftmals kurz plaziert wird.

Geschwindigkeitsdiagramm

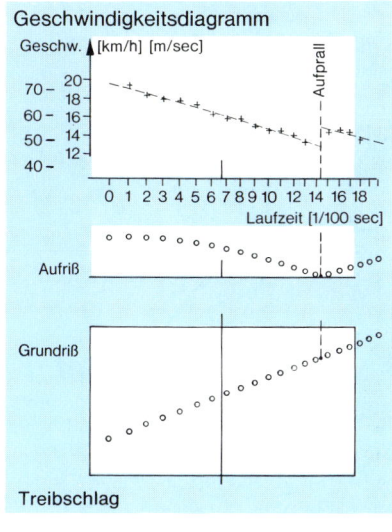

Treibschlag

Geschwindigkeitsdiagramm

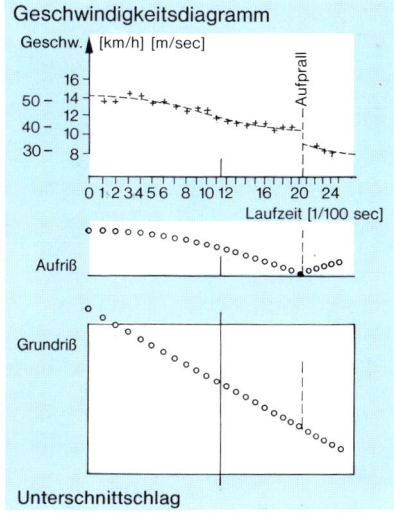

Unterschnittschlag

Theorie

Kontakt des Balles auf dem Schläger

Der Kontakt des Balles auf dem Schläger ist extrem kurz. Die Zeit liegt bei etwa $1/500$ Sekunde. Während dieser kurzen Kontaktzeit wird der Ball vom Schläger je nach Schlagstärke zwischen 0–10 mm geführt. (Dabei wird der Ball nicht »geführt«, wenn der Schläger nur – wie bei einem Block – gegen den Ball gehalten wird; bei harten Schmetterschlägen wird er bis zu 10 mm vom Schläger transportiert.) Die relativ »lange« Kontaktstrecke bei hart geschlagenen Bällen wird verständlich, wenn man bedenkt, daß sich der Ball um so mehr verformt, je härter er getroffen wird.

Reaktionszeit

Um auf einen gegebenen Reiz (beim Tischtennisspiel der Ball) eine geordnete Bewegung oder Reaktion ausführen zu können,

braucht der Mensch eine bestimmte Reaktionszeit (unter Reaktionszeit muß die Zeit verstanden werden, die gebraucht wird, um auf ein Signal zu reagieren):

- bei optischen Reizen = 0,18 Sekunden
- bei akustischen Reizen = 0,14 Sekunden.

Da es sich aber beim Tischtennisspiel nicht um »Einfach-Reaktionen«, sondern vielmehr um »Mehrfach-Reaktionen« handelt (hierbei ist immer eine Alternativ-Entscheidung notwendig), muß man also beim Auftreten des Reizes eine Entscheidung treffen. Beispiel: Spielt man den Ball mit Vorhand oder Rückhand? Durch diese Entscheidung verlängert sich die Reaktionszeit verständlicherweise.

Unter Berücksichtigung dieser Tatsache und der Feststellung, daß beim Tischtennisspiel grundsätzlich auf optische Reize reagiert wird, kann bei durchschnittlich reagierenden Tischtennisspielern mit einer Reaktionszeit von 0,25 Sekunden gerechnet werden. Durch Training und Veranlagung kann diese Reaktionszeit bis zu 30% und somit auf ca. 0,18 Sekunden verbessert werden. Diese Verbesserungen sind besonders bei Spitzenspielern feststellbar.

Theorie

Drall und Flugbahn des Balles

Der Ball kann in der Anfangsphase maximal rund 150 Umdrehungen pro Sekunde erreichen. Das ist bei Schlagarten mit

- Vorwärtsdrall
- Rückwärtsdrall
- Seitendrall

möglich.

Der Tischtennisball wird aus elastischem Zelluloid hergestellt. Die Elastizität und das Gewicht beeinflussen wesentlich die Flugbahn und die Geschwindigkeit des Balles. Im besonderen Maße wirken aber die vier verschiedenen Schlagarten auf die Flugbahn und die Geschwindigkeit des Balles:

- Schlag ohne Drall
- Schlag mit Vorwärtsdrall
- Schlag mit Rückwärtsdrall
- Schlag mit Seitendrall.

Außerdem gibt es mehrere Zwischenstufen, die durch Kombination dieser Schlagarten entstehen können (z. B. Rückwärtsdrall mit Seitendrall).

Wichtig: Je mehr Drall bei gleicher Kraftanwendung ein Ball bekommt, desto langsamer ist er.

Schlag ohne Drall

Es handelt sich um einen Schlag, bei dem der Ball ohne Drall in seine Flugbahn geschlagen wird. Da kein Drall vorhanden ist, umströmt die Luft den Ball symmetrisch.

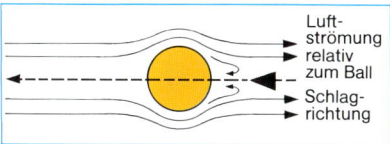

Daraus folgt, daß der Druck der umströmenden Luft auf den Ball symmetrisch bezüglich der Geschwindigkeitsrichtung (Schlagrichtung) wirkt. Ohne Drall bewegt sich der Ball auf einer durch den Luftwiderstand stärker gekrümmten Parabelbahn.

Wichtig: Beim Schlag ohne Drall ist die Flugbahn des Balles bei gleicher Schlagstärke im Vergleich zu den Schlagarten mit Rückwärtsdrall kürzer.

Schlag mit Vorwärtsdrall

Das Strömungsbild der Luft um einen vorwärts rotierenden Ball ist von der Drallgeschwindigkeit abhängig (z. B. Treibschlag und Topspin). Ein Beispiel für ein solches Strömungsbild ist in der Zeichnung gegeben. Der Drall bewirkt auf den Ball eine Kraft senkrecht zur Bewegungsrichtung (Pfeil K).

Theorie

Diese Kraft unterstützt die Anziehungskraft der Erde. Die Bahn ist teilweise stärker gekrümmt, als die Bahn des Balles ohne Drall. Deshalb ist der Einfallwinkel beim Auftreffen auch besonders steil.

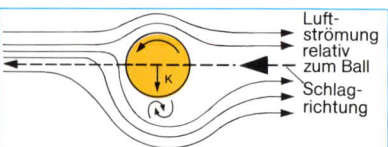

Wichtig: Von allen von unten gespielten Bällen kann der Schlag mit Vorwärtsdrall die größte Geschwindigkeit beim Auftreffen erreichen.

Schlag mit Rückwärtsdrall

Bei diesem Schlag ist der Effekt im Vergleich zum Schlag mit Vorwärtsdrall genau umgekehrt. Die Kraft (Pfeil K) wirkt nach oben.

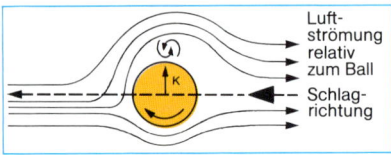

Schlag mit Seitendrall

Ein Schlag mit maximalem Seitendrall ist nur beim Sidespin-Aufschlag möglich. Der Drall bewirkt eine seitliche Krümmung der Flugbahn.

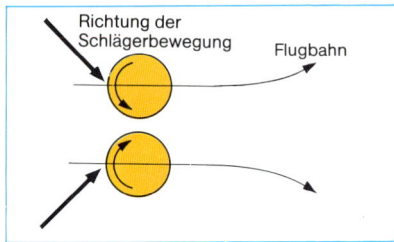

Antizipation

(Vorwegnahme einer Handlung)

Unter Berücksichtigung der Fakten, daß

- der Ball sehr hohe Geschwindigkeiten erreicht (bis 170 km/h),
- der Kontakt des Balles auf dem Schläger sehr gering ist (nur $1/500$ Sekunde) und dabei lediglich von diesem bis maximal 10 mm geführt werden kann,
- der Drall des Balles enorm hoch ist (bis 150 Umdrehungen pro Sekunde),
- die Reaktionszeit des Menschen beschränkt bleibt (mind. 0,18 Sekunden),
- die Stellung des Schlägers zum Ball exakt sein muß,
- Flugbahn, Drall und Treffpunkt des Balles vom Spieler beachtet werden müssen,

könnte man evtl. zu dem Schluß kommen, daß Tischtennis gar nicht entsprechend seines Spielgedankens durchführbar ist. Natürlich beweist die Spielpraxis das Gegenteil. Die Begründung findet sich in der Tatsache, daß der Mensch in der Lage ist, Bewegungen im voraus zu planen: er antizipiert!

Die Grundlage für diese Antizipation ist

- die Wahrnehmung der Flugbahn, der Geschwindigkeit, der Richtung (Wahrnehmungsantizipation),
- die Erfahrung, wie sich der Drall des Balles auswirkt, wie der Schläger gehalten werden muß, wie der Gegner sich bewegt, vor allem aber, wie der Ball, den ich zum Gegner geschlagen habe, von diesem mit großer Wahrscheinlichkeit retourniert wird (Erfahrungsantizipation).

So kann folgendes gesagt werden:

- Wir können um so besser Tischtennis spielen, je besser unsere Wahrnehmungsfähigkeit und Erfahrung sind.
- Diese Fähigkeiten können durch Training und Wettkampf angeeignet werden.
- Beim Aneignungsprozeß spielt der gute Trainer eine entscheidende Rolle.
- Der limitierende Faktor ist letztlich jedoch der Spieler selbst.

Grundsätze der Bewegungslehre

Die Bewegungslehre beschäftigt sich mit der *äußerlich* sichtbaren Bewegung und den damit verbundenen inneren Bedingungen unseres Organismus, die zu einer Bewegung führen.

Wie kommt es zu einer Spieltätigkeit?

Bevor unser Arm einen Schlag ausgeführt hat, laufen folgende Phasen ab:

1. Phase: Wahrnehmung
Der Spieler sollte durch starke Konzentration so viel wie möglich *wahrnehmen*. Dazu gehören:
- Stellung und Bewegung des Gegners.
- Richtung und Länge des Balles.
- Drall und Geschwindigkeit des Balles.

2. Phase: Analyse
Aufgrund der Wahrnehmungen erfolgt eine *Analyse* der Gesamtsituation. Dabei spielt die Erfahrung eine große Rolle. Grundsatz: Je erfahrener der Spieler, desto besser kann er analysieren.

3. Phase: Gedankliche Lösung
Nach der Wahrnehmung und Analyse wird unter Berücksichtigung

Theorie

der verfügbaren taktischen Mittel eine geeignete Handlung geplant.

4. Phase: Motorische Lösung

Nach Abschluß der ersten drei Phasen erfolgt dann die Bewegung.

Wichtig: Alle vier Phasen überschneiden sich oftmals und sind beim Könner teilweise automatisiert. Erlaubt die Spielsituation keine geplante Handlung mehr (Beispiel: Fehleinschätzung des ankommenden Balles), so kommt es nur noch zu einer *reflexhaften* Bewegung.

Wie kommt es zu einer Bewegung?

Anlaß für das Zustandekommen einer Bewegung sind:

- Die Wahrnehmung einer entsprechenden Situation (z. B. Spielbeginn, Gegner erwartet den Aufschlag).
- Das Ziel (z. B. Treffen des Grundlinienbereiches) und der Zweck der Bewegung (Gegner am erfolgreichen Rückschlag hindern).
- Der bewußte individuelle Entschluß (z. B. »Ich schlage jetzt auf!«).

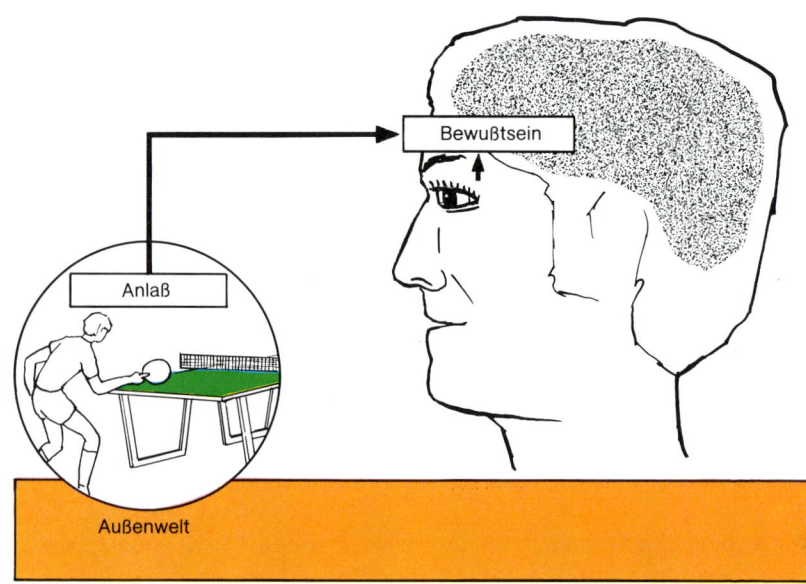

Bewußtsein

Anlaß

Außenwelt

Wie kommt es zur Kontrolle der Bewegung?

Unsere Bewegung wird ständig durch Rezeptoren oder vereinfacht »Fühler«, die in Muskeln, Sehnen und Bändern sind, abgetastet, und zusätzlich kontrollieren unsere Augen – so weit es geht – unsere Bewegung.
Diese Kontrolle oder Rückmeldung wertet unser Gehirn in Erfolg oder Mißerfolg aus.

Wie kommt es zur Bewegungsberichtigung?

Durch unsere Fähigkeiten, die Abweichungen von einer richtigen Bewegung als Fehler zu analysieren, sind wir also auch in der Lage, diese Fehler zu korrigieren.
Oft gelingt es uns noch, während der Bewegungsausführung Fehler zu korrigieren. Im Regelfall stellen wir die Fehler aber erst nach einem Schlag fest.

Wichtig: Deshalb sofort nach einem Mißerfolg den Fehler feststellen, ihn berichtigen und bei der nächsten Situation nicht wiederholen.

Wie kann ich eine Bewegung erlernen?

Die wichtigsten Voraussetzungen dafür sind bildliche, schriftliche oder akustische Informationen.
In diesem Zusammenhang muß immer wieder betont werden:

Sie lernen um so schneller, wenn Ihnen die Informationen durch einen Trainer, Freund oder Helfer mit Fachkenntnissen dargelegt werden.

Folgende Informationen stehen Ihnen bzw. dem Trainer zur Verfügung:

Informationen	
visuell	verbal
1. Demonstration (Vormachen)	1. Beschreibung
2. Film (normal/ Zeitlupe)	2. Erklärung
3. Video-Gerät	3. Anweisung
4. Bildreihe (fotografiert/ gezeichnet)	
5. Foto	
6. Zeichnung	

Wichtig: Bei der Vermittlung von Informationen sollten diese genau, kurz und präzise sein.

TIP
Jeder sollte sich als »Informationsvermittler« zur Verfügung stellen. Jeder Tip an Ihren Partner bringt Vorteile für diesen. Außerdem freut er sich darüber:
Und noch etwas: Loben Sie Ihren Partner!

Technik

Folgende Begriffe und Zeichen sind bei allen Erläuterungen zur Technik zu beachten:

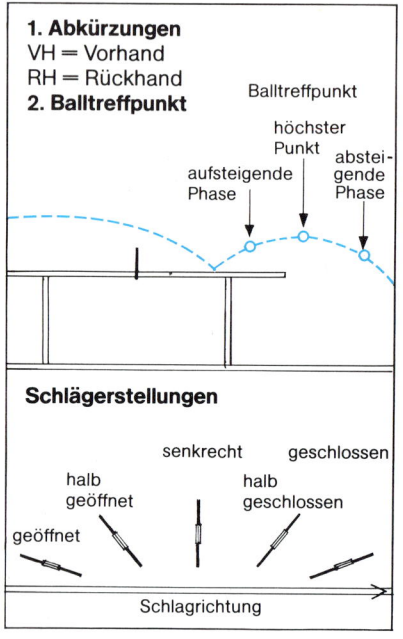

1. Abkürzungen
VH = Vorhand
RH = Rückhand
2. Balltreffpunkt

Balltreffpunkt

höchster Punkt

aufsteigende Phase

absteigende Phase

Schlägerstellungen

senkrecht geschlossen

halb geöffnet halb geschlossen

geöffnet

Schlagrichtung

Bevor wir mit der »Grundschule« des Tischtennisspiels beginnen, erscheinen einige prinzipielle Ratschläge angebracht:

- Korrigieren Sie sich gegenseitig.
- Loben Sie Ihren Partner, wenn er eine Aktion oder eine Übung gut abschließt.
- Tadeln Sie Ihren Partner nie; vielmehr sollten Sie ihm in Ruhe den Fehler erklären.
- Nicht spielen, wenn Sie einen »schlechten« Tag und von vornherein keine Lust haben.

- Seien Sie nicht enttäuscht, wenn Sie streckenweise keinen Lernfortschritt erkennen. Lernfortschritte kommen oftmals nur »schubweise«.
- Teilen Sie die Ihnen zur Verfügung stehende Zeit ein:
1. Hälfte: Einspielen und Training.
2. Hälfte: Wettspielformen.
- Führen Sie alle Bewegungen und Trainingstips korrekt aus.
- Beachten Sie auf jeden Fall die Ratschläge, die in den Kapiteln »Taktik« und »Training« stehen.

Schlägerhaltung

Der Schläger muß als »Verlängerung unserer Hand« betrachtet werden. Die richtige und zweckmäßige Haltung ist deshalb von größter Bedeutung. Man unterscheidet zwei Schlägerhaltungen:

1. Shakehand-Haltung

Diese Haltung wird vorwiegend in Europa und – mit Ausnahme Asiens – auch in den anderen Kontinenten angewendet. Mit dieser Haltung sollten Anfänger beginnen.

Technik

- Schläger aufnehmen, als wenn man jemandem die Hand zum Gruß reicht (deshalb: Shakehand).
- Daumen und Zeigefinger liegen auf dem unteren Rand der Schlä-

24

Schlägerhaltung

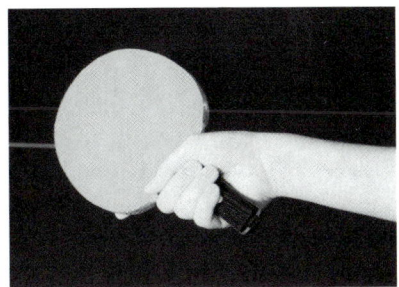

Vorhand

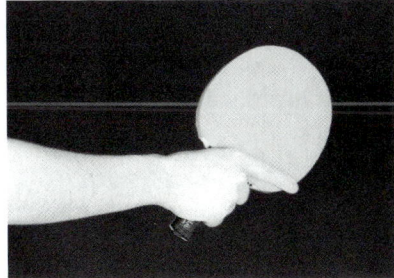

Rückhand

gerfläche auf. Dabei wird die Seite, auf der der Zeigefinger aufliegt, als »Rückhandseite« und die, auf der der Daumen aufliegt, als »Vorhandseite« bezeichnet.

■ Die restlichen drei Finger umfassen haltend den Griff.

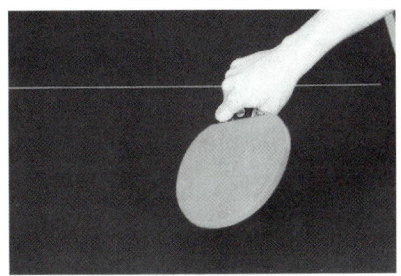

Falsch: ›Hammergriff‹

Falsch: ›zwei Finger‹

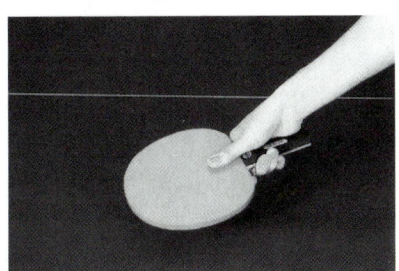

Falsch: ›Daumengriff‹

Falsch: ›Zeigefinger‹

Technik

- Achten Sie gerade im Anfängerstadium konsequent auf die richtige Schlägerhaltung.
- Falls Sie bislang den Schläger

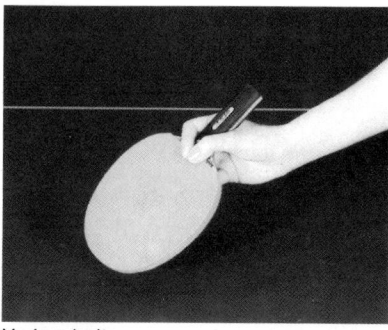

Vorhandseite

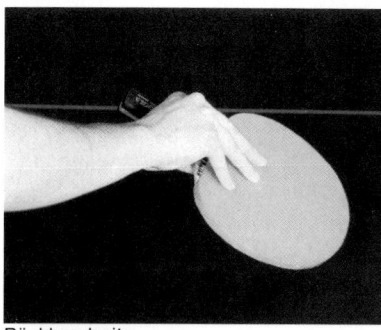

Rückhandseite

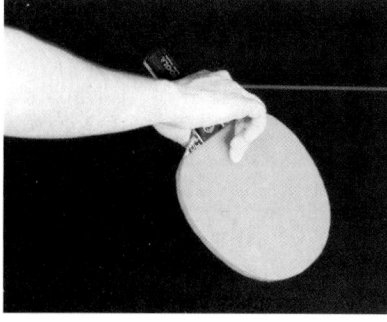

anders als angegeben gehalten haben, beheben Sie auf jeden Fall diese Fehlerquelle. Hier liegt vermutlich die Hauptursache Ihrer Spielschwäche; denn Sie können sonst die meisten Schlagarten technisch nicht exakt ausführen.

- Lassen Sie sich nicht irritieren, wenn Ihre Spielstärke nach einer Umstellung zunächst negativ beeinflußt wird. Nach kurzer Eingewöhnung verbessern Sie dann erheblich Ihre Spielmöglichkeiten.

2. Penholder-Haltung

Die Asiaten bevorzugen diese Haltung, hervorgerufen hauptsächlich durch andersartige Lebensgewohnheiten und motorische Verhaltensweisen (z. B. Stäbchenessen). Viele asiatische Tischtennisspieler halten den Schläger auf diese Art. Sie ist aber nur für das Angriffssystem geeignet.

Technik

- Schläger aufnehmen wie einen Federhalter (deshalb: Penholder).
- Daumen und Zeigefinger umfassen den Schlägergriff.
- Die drei restlichen Finger werden aufstützend auf die andere Schlägerseite gebracht oder der Mittelfinger wird eng auf die Schlägerfläche gelegt.

Tischtennis gehört zu den schnellsten Ballspielen. Um auf die Aktionen des Gegners innerhalb von Hundertstelsekunden reagieren zu können, muß der Aktive vor allem durch ein rationelles Stellungsspiel ständig bereit sein, alle sich ergebenden Angriffs- und Verteidigungsaufgaben zu bewältigen.

Allgemeine Grundstellung

Da er ja nicht weiß, ob der Ball auf seine Vor- oder Rückhandseite kommt, muß er stets eine Stellung einnehmen, die es erlaubt, jede erforderliche Situation zu erfassen.

Technik

- Der Körper weist drei Winkelstellungen auf: Fußsohle-Unterschenkel, Unterschenkel-Oberschenkel, Oberschenkel-Rumpf.
- Die Füße sind etwa schulterbreit (30–50 cm) geöffnet und stehen parallel zueinander bzw. die Fußspitzen zeigen nach außen.
- Der Spielarm zeigt einen Winkel von etwa 90°, wobei der Oberarm etwa senkrecht und der Unterarm etwa waagerecht ist.
- Der nahezu waagerecht gehaltene Unterarm liegt in der typischen Rückhand-Position vor dem Körper.
- Das Gewicht ist deutlich auf die Fußballen verlagert.

Position der allgemeinen Grundstellungen bei den drei Spielsystemen

Die Distanz – von der Grundlinie des Tischtennistisches aus gemes-

sen – für die drei Spielsysteme kann wie folgt angegeben werden:

- **Angriffssystem =
1 m hinter der Grundlinie.**
- **Halbdistanzsystem =
1–2 m hinter der Grundlinie.**
- **Verteidigungssystem =
ab 2 m hinter der Grundlinie.**

Die Grundstellung bei der Erwartung des gegnerischen Aufschlags sieht wie die des Angriffssystems aus. Nicht mehr als 1 m hinter der Grundlinie stehen! Siehe auch Kapitel »Taktik«.

Grundtechniken

Grundstellung bei VH-Schlägen
Bei allen VH-Schlägen sollte man eine klare seitliche Stellung zur Grundlinie des Tisches einnehmen.

Technik (Beispiel: Rechtshänder)
- Die Schlagseite ist geöffnet, der Körper befindet sich also in einem Winkel von 45–90° zur Grundlinie.
- Der linke Fuß ist vorgesetzt. Beide Füße stehen ungefähr in einem Winkel von 90° zueinander und sind 0,3–0,5 m geöffnet.

Grundstellung bei RH-Schlägen mit Vorwärtsdrall
Bei diesen Schlägen ist nur eine frontale bis leicht seitliche Stellung zur Grundlinie nötig.

Wichtig: Es gilt also die »Allgemeine Grundstellung«.

Grundstellung bei RH-Schlägen mit Rückwärtsdrall
Hier gilt wiederum der Grundsatz, eine klare seitliche Stellung zur Grundlinie einzunehmen (siehe Technik »Grundstellung bei VH-Schlägen«).

Aufschlagarten

Besondere Hinweise

- Nach jedem Schlag ist sofort wieder die allgemeine Grundstellung einzunehmen. Da aus dieser Stellung alle Spielaktionen gestartet werden, können wir sie auch als Bereitschafts- oder Ausgangsstellung bezeichnen.

- Bei einigen Schlägen ist die exakte Stellung zum Schlag besonders wichtig (z. B. Vorhand-Topspin- und Vorhand-Schmetterschlag); bei anderen wird sie weniger perfekt gefordert (z. B. Rückhand-Unterschnittschlag). Die Gründe hängen mit der Mechanik unseres Bewegungsapparates zusammen.

Ein Ballwechsel beginnt immer mit einem »Aufschlag«. Der Spieler, der den Ball ins Spiel bringt, wird daher »Aufschläger« genannt. Der den Aufschlag annehmende Spieler wird als »Rückschläger« bezeichnet.

Der Aufschlag ist sicher eine sehr wichtige Schlagart im Tischtennis. Hat man ein gutes Aufschlagspiel, kann man stets die folgenden Ballwechsel vorteilhaft für sich gestalten und hat gute Chancen, den Punkt zu gewinnen. Außerdem unterscheidet sich der Aufschlag von der Spielsituation her ganz wesentlich von den übrigen Schlagarten. Nur beim Aufschlag hat der Spieler die Möglichkeit, sich Zeit zu lassen, sich zu konzentrieren und sich gedanklich mit dem Spiel auseinanderzusetzen. Ist der Ball erst einmal im Spiel, steht man ständig unter Zeitdruck. Deshalb sollten folgende Tips beachtet werden:

- Aufschlag ruhig, konzentriert ausführen.

- Aufschlag als *Konzentrationspause* benutzen.

- Vorher überlegen, was man mit dem Aufschlag erreichen will.

- Den Partner in Unkenntnis lassen, welchen Aufschlag man durchführen will.

Das Aufschlagspiel sollte in der Regel variabel gestaltet werden. Es bieten sich folgende Möglichkeiten an:

- kurz und lang
- weich und hart bzw. langsam und schnell
- ohne Drall
- mit Vorwärts-, Seiten- und Rückwärtsdrall
- in verschiedene Richtungen
- mit der Vor- und Rückhandseite.

Technik

Grundposition

Ausholphase

Technik

- Der Ball wird entweder vor (RH) oder seitlich neben dem Körper (VH) getroffen.
- Treffpunkt des Balles: in der fallenden Phase (siehe Regelkunde).
- Das Schlägerblatt ist geschlossen.
- Die Bewegung des Schlagarmes erfolgt waagerecht von hinten nach vorn.
- Der Körper schwingt leicht in die Schlagrichtung.

Übungsformen

- Zuerst den RH-Aufschlag üben.
- Den Ball in die Mitte der gegnerischen Tischhälfte plazieren.
- Aufschläge mit VH ausüben. Dabei den Ball seitlich vom Körper hochwerfen und in die Tischmitte spielen.
- Den Ball diagonal, dann parallel plazieren.
- Wechsel von kurzen und langen Aufschlägen.
- In bestimmte Zielfelder spielen bzw. auf den Tisch gelegte Gegenstände (z. B. Schlägerhülle) treffen.

Aufschlag mit Vorwärtsdrall

nach Treffphase

Ausschwungphase

TIP

- Den Ball nicht zu hoch werfen (ca. 50 cm).
- Anfangs die Bewegung des Schlagarmes von hinten-oben leicht nach vorn-unten ausführen. Erst wenn dies beherrscht wird, kann die Bewegung schneller von hinten waagerecht nach vorn erfolgen.

Fehler – Fehlerkorrektur

Der Ball geht über die Hälfte des Partners

► Schlägerblattstellung korrigieren. Der Ball muß bereits im Grundlinienbereich der eigenen Hälfte aufkommen.

Der Ball geht ins Netz

► Die Bewegung des Schlagarmes muß schneller erfolgen.

Wichtig: Diese Aufschlagart ist am effektivsten, wenn der Ball eine möglichst hohe Geschwindigkeit hat. Um einen sehr schnellen Aufschlag ausführen zu können, empfiehlt es sich, ihn *diagonal* zu schlagen. Dann steht dem Aufschläger mehr Tischfläche zur Verfügung, und er kann den Ball wuchtiger spielen.

Technik

Aufschlag mit Rückwärtsdrall

Technik
- Treffpunkt des Balles (siehe »Aufschlag mit Vorwärtsdrall«).
- Das Schlägerblatt ist geöffnet.
- Die Bewegung des Schlagarmes erfolgt von hinten-oben nach vorn-unten.

Übungsformen
Siehe Aufschlag mit Vorwärtsdrall.

Fehler – Fehlerkorrektur
Der Ball geht ins Netz
▶ Schlägerblatt zu weit geöffnet.
Der Ball geht ins Aus
▶ Schlägerblatt öffnen. Schlagbewegung kontrollieren.
Der Ball erhält keinen Rückwärtsdrall
▶ Schlägerblatt öffnen.

Ballerwartung zum Sidespin-Aufschlag

Grundposition Vorhand

Grundposition Rückhand

Ausholphase

Ausholphase

Ausholphase

Treffphase

Treffphase   ▼ Ausschwungphase

Ausschwungphase ▼▲

Technik

Bei dieser Aufschlagart gibt es
zwei Möglichkeiten:
- Schlägerblatt nach oben gehalten.
- Schlägerblatt nach unten gehalten.

Aufschlag mit nach oben
gehaltenem Schlägerblatt

Vorbemerkung: Dieser Aufschlag
ist prinzipiell nur mit der VH-Seite
durchführbar.

Technik
- Der Ball wird seitlich vor dem
  Kopf getroffen.
- Das Schlägerblatt ist hochge-
  stellt.
- Die Bewegung des Schlagarmes
  erfolgt waagerecht von hinten
  nach vorn durch Strecken des
  Unterarmes.
- Bei der Schlagbewegung begibt
  sich der Spieler in eine Hockstel-
  lung.

Grundposition   1

Beginn Ausholphase   2

Ausholphase

Ausholphase

    5   6

Aufschlag mit Seitendrall

- Die Bewegung ist schnell und kurz.

Übungsformen
Siehe Aufschlag mit Vorwärtsdrall.

TIP
- Bewegung erst ohne Ball durchführen.
- Aufschlag ohne Netz ausführen.

Fehler – Fehlerkorrektur
Der Ball hat wenig Seitendrall
▶ Bewegung des Schlagarmes zu langsam.
Der Ball erhält vorwiegend Rückwärtsdrall
▶ Schlägerblatt senkrecht stellen.
Der Ball springt zu hoch vom Tisch ab
▶ Hockstellung einnehmen.

Ausholphase 3

Ausholphase 4

Treffphase

Ausschwungphase

7   8

Grundposition

Ausholphase

Treffphase

Ausschwungphase ▼

Aufschlag mit

Aufschlag mit nach unten gehaltenem Schlägerblatt

Vorbemerkung: Dieser Aufschlag kann mit VH oder RH durchgeführt werden.

Technik bei VH

- Der Ball wird in Hüfthöhe vor dem Körper getroffen.
- Das Schlägerblatt zeigt senkrecht nach unten.
- Fußstellung: leichte »Schrittstellung«, linker Fuß vor dem rechten.
- Die Bewegung des Schlagarmes verläuft parallel zur Körperachse, vor dem Körper von rechts nach links.

TIP

- Schlägergriff locker umfassen. Das Schlägerblatt kann dadurch besser nach unten gestellt werden, und die Beweglichkeit des Handgelenks wird erhöht.
- Kleinere Spieler müssen sich bei der Ausführung dieser Aufschlagart »groß« machen (auf die Zehenspitzen stellen).

Übungsformen

Siehe Übungsformen der anderen Aufschlagarten.

Fehler – Fehlerkorrektur

Der Ball erhält kaum Drall
- ▶ Schlägerblattstellung beachten, senkrecht stellen, schwungvolle seitliche Schlagarmbewegung.

Der Ball geht ins Netz
- ▶ Ausgangsstellung beachten.

Grundposition

Ausholphase

Treffphase

Ausschwungphase ▼

Seitendrall

Technik bei RH
- Der Ball wird vor dem Körper in Hüfthöhe getroffen.
- Die Schlägerblattstellung ist etwa senkrecht.
- Fußstellung: linker und rechter Fuß parallel zur Grundlinie.
- Die Bewegung des Schlagarmes verläuft parallel zur Körperachse von links nach rechts.

TIP
Durch aktive Bewegung des Handgelenks in die Schlagrichtung wird der Seitendrall entscheidend verbessert.

Übungsformen
Siehe andere Aufschlagarten.

Fehler – Fehlerkorrektur
Der Ball erhält kaum Seitendrall
► Auf die seitliche zum Körper gerichtete Armbewegung achten. Bewegung schneller, schwungvoller ausführen.
Der Ball geht ins Netz
► Schlägerblattstellung korrigieren (Schlägerblatt senkrecht stellen).

Technik

Schlagarten mit Vorwärtsdrall

Bei folgenden Schlagarten erhält der TT-Ball einen Vorwärtsdrall: Konterschlag, Schmetterschlag, Treibschlag und Topspinschlag.

Weitere Schlagarten, bei denen ebenfalls Vorwärtsdrall des Balles zu verzeichnen ist, aber andere Kriterien eine wichtigere Bedeutung besitzen, werden unter dem Kapitel »Spezialschläge« behandelt.

Schulmäßiger RH-Konterschlag

Konterschlag

Schmetterschlag

Treibschlag

Topspinschlag

Technik

Um erfolgreich kontern zu können, müssen vor allem folgende Voraussetzungen gegeben sein:
- gute Beweglichkeit
- schnelle Bewegung des Schlagarmes

Ausholphase

- gutes Reaktionsvermögen
- Antizipationsfähigkeit (Vorwegnahme einer Handlung).

TIP
Achten Sie auf eine gute Grundstellung und bleiben Sie ständig in Bewegung.

Technik Konterschlag
Ausgangsstellung
Tischnah (0,5–1 m hinter der Grundlinie).
VH: linker Fuß eine Fußbreite vor dem rechten, schulterbreit geöffnet. – RH: parallele Fußstellung, schulterbreit geöffnet.

Konterschlag

Bewegung des Schlagarmes
Die Bewegung ist schnell und kurz.

Ausholphase: VH: Der Arm schwingt soweit nach hinten, bis Schultergürtel und Spielarm eine Linie bilden. – RH: Der Arm wird vom Körper waagerecht nach hinten geführt.

Treffphase: VH/RH: Der Schlagarm schwingt fast waagerecht von hinten nach vorne-oben. Der Ball wird in Hüfthöhe seitlich neben (VH) oder vor (RH) dem Körper in der aufsteigenden Phase getroffen.

Ausschwungphase: Die Ausschwungphase ist kurz. Sie endet beim VH-Schlag in Schulterhöhe, beim RH-Schlag mit der Streckung des Unterarmes.

Bewegung des Körpers
VH: Gewichtsverlagerung vom rechten auf das linke Bein; Hüftdrehung in Schlagrichtung. – RH: fast keine Körperbewegung.

Stellung des Schlägerblattes
Das Schlägerblatt ist leicht bis stark geschlossen.

Treffphase   Ausschwungphasen

Technik

Grundposition

Ausholphase

TIP
Könner sollten die Schlagbewegung des Unterarmes durch den Einsatz des Handgelenks unterstützen, um mehr Schnelligkeit zu erreichen. Diese technische Feinform findet besonders beim RH-Konterschlag Anwendung.

Übungsformen
- Zugeworfene Bälle des Partners kontern.
- Aufschläge mit Vorwärtsdrall mit Konterschlag retournieren.
- Beide Partner kontern mit RH bzw. mit VH.
- Diagonales und paralleles Zuspiel.
- Kontern mit VH und RH im Wechsel.

- Schlagen von weichen und harten Konterschlägen.
- Markierte Zielfelder in der Hälfte des Partners anspielen.

Fehler – Fehlerkorrektur
Der Ball geht ins Netz
▶ Schlägerblatt nur leicht schließen.
▶ Ball in der steigenden Phase treffen.
▶ Bewegung des Schlagarmes schneller ausführen.
Der Ball geht über die Grundlinie
▶ Schlägerblatt mehr schließen.
▶ Bewegung des Schlagarmes waagerecht nach vorn.
Der Ball geht über die Seitenlinie
▶ Ausgangsstellung beachten.

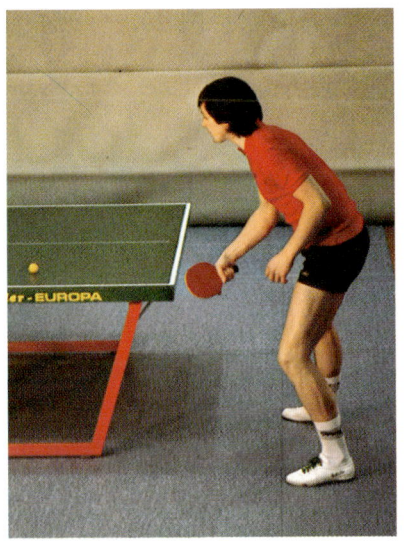

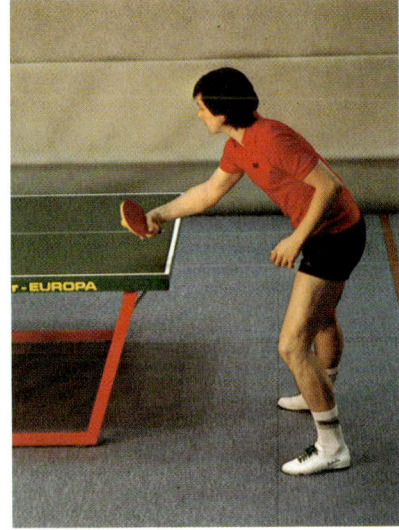

Konterschlag

Ausholphase

Treffphase

Ende Ausschwungphase

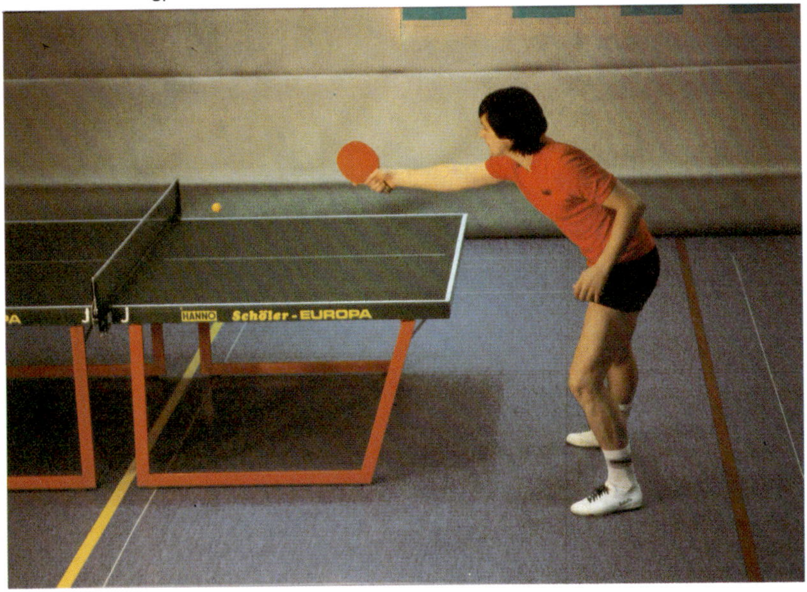

Technik Schmetterschlag

Wichtig: Der Schmetterschlag ist die »schnellste Schlagart« im Tischtennis. Der Ball erhält dabei eine derart hohe Geschwindigkeit, daß der Gegner große Schwierigkeiten hat, ihn zu retournieren.

Schmetterschläge werden angewandt, um einen Ballwechsel mit einem Punkt abzuschließen. Deshalb sollte folgendes beachtet werden: Der Schmetterschlag muß mit einem Höchstmaß an *Schnellkraft* ausgeführt werden. Achten Sie unbedingt auf die richtige Stellung zum Ball.

Vorbemerkung: Aufgrund des menschlichen Bewegungsapparates sind *effektive* Schmetterschläge grundsätzlich nur mit der VH-Seite zu spielen.

Technik Schmetterschlag Ausgangsstellung

Schrittstellung: Linker Fuß eine Schrittlänge vor dem rechten. Die Füße sind etwas weiter auseinandergestellt als beim Konterschlag.

Bewegung des Schlagarmes

Die Bewegung ist extrem schnell und lang.

Ausholphase: Die Ausholbewegung ist länger als beim Konterschlag. Der Arm wird dabei fast ganz gestreckt.

Treffphase: Der Arm schwingt bogenförmig nach vorn und wird im Ellbogengelenk gebeugt. Grundsätzlich wird der Ball seitlich neben dem Körper im höchsten Punkt getroffen. Sollten Bälle sehr hoch abspringen, dann werden sie etwa in Kopfhöhe gespielt.

Ausschwungphase: Der Schlagarm wird so weit durchgeschwungen, bis der Schläger vor der linken Schulter nach hinten zeigt.

Bewegung des Körpers

Während der Schlagbewegung erfolgt eine extreme Gewichtsverlagerung vom hinteren auf das vordere Bein. Die rechte Schulter wird durch eine Hüftdrehung nach vorn gebracht.

Stellung des Schlägerblattes

Das Schlägerblatt ist senkrecht bis stark geschlossen.

Beachte: Die Schlagarmbewegung erfolgt grundsätzlich von hinten nach vorn. Die Bewegungsrichtung hängt jedoch weiterhin von der Höhe des Balles ab. Sie kann sowohl von oben nach unten als auch umgekehrt von hinten-unten nach vorn-oben sein.

1–3 Ausholphasen
4 vor Treffphase
5–8 Ausschwungphasen

Technik

Schmetterschlag

Übungsformen

- Den Ball auf den Grundlinienbereich des Tisches fallen lassen und dann im höchsten Punkt schlagen.
- Vom Partner zugeworfene Bälle schmettern.
- Mit Ballonschlag zugespielte Bälle schmettern.

TIP

Erst wenn der Bewegungsablauf gut beherrscht wird, sollte mit vollem Krafteinsatz gespielt werden.

Fehler – Fehlerkorrektur

Der Ball geht ins Netz
- ► Schlägerblatt nicht zu stark schließen.
- ► Bewegung des Schlagarmes nach vorn richten.
- ► Ball im höchsten Punkt treffen.

Ball geht über die Grundlinie
- ► Schlägerblatt schließen.
- ► Ball im höchsten Punkt treffen.

Ball geht über die Seitenlinie
- ► Seitliche Stellung zum Ball einnehmen.

Rasanz beim Schmetterschlag

Technik

Grundposition

Beginn Ausholphase

Treffphase

Wichtig: Der Treibschlag wird als Vorbereitung für einen Schmetterschlag angewandt. Sicherheit und Zielgenauigkeit sind daher vorrangig.

Wesentlich für ein gutes Gelingen dieser Schlagart ist eine korrekte Stellung zum Ball und eine gute Körperbewegung.

Technik Treibschlag
Ausgangsstellung

Ca. 1–2 m vom Tisch.
VH: seitliche Stellung zum Ball, linker Fuß eine Schrittlänge vor dem rechten. – RH: keine so extreme Schrittstellung wie bei VH; rechter Fuß eine halbe Schrittlänge vor dem linken.

Bewegung des Schlagarmes

Die Bewegung ist lang und langsam.

Treibschlag

Ausholphase

Ausschwungphasen

Ausholphase: VH/RH: Der Schlagarm schwingt nach hinten-unten bis etwa in Kniehöhe.

Treffphase: VH/RH: Die Schlagbewegung verläuft von hinten-unten nach vorn-oben. Der Ball wird in seiner fallenden Phase vor (RH) oder seitlich neben (VH) dem Körper getroffen.

Ausschwungphase: Der Arm schwingt kopfwärts aus.

Bewegung des Körpers
Während der Ausholbewegung verlagert sich das Körpergewicht auf das hintere Bein und kommt dann während der Schlagbewegung bis zur Endphase des Bewegungsablaufs auf das vordere Bein. Der Oberkörper vollzieht eine Drehbewegung in die Schlagrichtung.

Stellung des Schlägerblattes
Das Schlägerblatt ist leicht geschlossen.

Treibschlag

Übungsformen

- Ball aus Kopfhöhe auf den Boden fallen lassen und langsam hoch über das Netz spielen.
- Zugeworfene Bälle mit dem Treibschlag retournieren.
- Mit Schupf- oder Unterschnittschlag zugespielte Bälle zurückspielen.

Fehler – Fehlerkorrektor

Der Ball geht ins Netz
- ▶ Schlägerblatt nicht so sehr schließen.
- ▶ Längere Bewegung des Schlagarmes.
- ▶ Auf Körperbewegung achten.

Der Ball geht über die Grundlinie
- ▶ Schlägerblatt schließen.

Der Ball geht über die Seitenlinie
- ▶ Seitliche Stellung zum Ball einnehmen.
- ▶ Bewegung des Schlagarmes netzwärts.

Hohe Ausschwungphase beim Treibschlag

51

Technik

Bei den Topspinschlägen wird der Ball vom Schläger nicht »voll« getroffen, sondern extrem »angerissen«. Er erhält dadurch einen enormen Vorwärtsdrall. Ein Topspinschlag kann in jeder Phase der Flugbahn des Balles gespielt werden. Es bietet sich wegen der verschiedenen Bewegungsstruktur eine grundsätzliche Unterscheidung des »späten« Topspinschlages vom »frühen« Topspinschlag an. Topspinschläge erfordern eine gute Beinarbeit und einen besonders schnellkräftigen Bewegungsablauf des Schlagarmes. Neben einer schnellen, schwunghaften Armbewegung ist auch eine extrem mitgehende Bewegung des Körpers von größter Wichtigkeit.

»Später« Topspinschlag

Wichtig: Mit diesem Schlag versucht man, den größten Teil der Kraft in einen Vorwärtsdrall des Balles umzusetzen. Die Geschwindigkeit des Balles ist daher relativ gering und die Flugbahn hoch. Doch darf man sich nicht täuschen lassen! Nach dem Aufsprung auf die Tischoberfläche wird der Ball sehr schnell und die Flugbahn flach.

Technik
Ausgangsstellung
VH: Extrem seitliche Stellung zum Ball. Der Körper steht in einem

Ausholphase
1

Ausholphase
2

Ausholphase
3

Ausholphase ▼▲
4

Vor der Treffphase

Topspinschläge

Winkel von 90° zur Grundlinie. Die Füße stehen weit auseinander, der linke vor dem rechten.
RH: Keine so extrem seitliche Stellung wie bei VH; rechter Fuß ca. $\frac{1}{2}$–1 Schrittlänge vor dem linken.

Bewegung des Schlagarmes
Die Bewegung ist lang und schnell.

Ausholphase: VH: Der Schlagarm schwingt nach hinten-unten bis unterhalb Kniehöhe aus, so daß er nicht ganz gestreckt ist (ca. 150°). RH: Der Schlagarm wird bis zum Knie des hinteren Beines nach hinten-unten zurückgeschwungen.

Treffphase

Treffphase: Der Ball wird am Ende der absteigenden Phase seitlich neben (bei VH) oder seitlich vor (bei RH) dem Körper getroffen. Der Arm schwingt von hinten-unten nach vorn-oben. Die vertikale Bewegungsrichtung überwiegt.

Ausschwungphase ▼▲

Ausschwungphase: Der Schlagarm wird bei VH bis über den Kopf durchgeschwungen. Bei RH endet der Armschwung mit der Streckung des Unterarmes in Kopfhöhe.

Bewegung des Körpers
Die Verlagerung des Körpergewichts erfolgt wie beim Treibschlag. Während der Schlagbewegung kommt es zu einer Aufrichtung des Körpers.

Stellung des Schlägerblattes:
Das Schlägerblatt steht senkrecht.

Technik Topspinschläge

Grundposition

Ausholphase

vor Treffphase

Ausschwungphasen

Vorbildlicher RH-Topspin kurz nach der Treffphase

Technik

»Früher« Topspinschlag

Wichtig: Beim frühen Topspinschlag erhält der Ball außer
einem extremen Vorwärtsdrall
auch eine sehr hohe Geschwindigkeit, die Flugbahn ist sehr
flach.

Besonders Halbdistanzspieler
wenden diese Art des Topspinschlages deshalb als Alternative

zum Schmetterschlag an, indem
sie versuchen, mit dieser Schlagart
direkt zum Punkterfolg zu kommen. Dieser Schlag wird grundsätzlich nur mit VH gespielt.

Technik
Ausgangsstellung
Siehe »später« Topspinschlag.

Bewegung des Schlagarmes
Die Bewegung des Schlagarmes

Grundposition   1

Ausholphase   2

5   6

unterscheidet sich wie folgt von der des »späten« Topspinschlages:

Ausholphase: Der Arm schwingt nicht so weit nach unten, sondern mehr nach hinten aus.

Treffphase: Der Ball wird im höchsten Punkt getroffen. Der Schlagarm schwingt fast waagerecht von hinten nach vorn.

Ausschwungphase: Die Armbewegung endet in Höhe der Schulter.

Bewegung des Körpers
Kein so extremes Aufrichten des Körpers. Schnelle Hüftdrehung in Schlagrichtung.

Stellung des Schlägerblattes
Während der Treffphase ist das Schlägerblatt geschlossen.

Ausholphase   3   4

vor Treffphase   Ausschwungphase

7   8

Technik

Hochwerfen des Balles

Schlagbewegung

Übungsformen

Wichtig: Zunächst sollte das Erlernen des »späten« Topspinschlages erfolgen. Erst wenn diese Schlagart sicher beherrscht wird, sollte man mit dem Üben des »frühen« Topspinschlages beginnen. Erst den VH-, dann den RH-Topspinschlag üben!

■ Ball mit senkrechter Schlägerblattstellung hochspielen und am Boden aufspringen lassen.

Beachte: Je mehr der Ball nach vorn wegspringt, um so besser.

Übungsfolge

■ Ca. $1/2$ m von einer Wand entfernt den Ball nacheinander aus dem Kniestand, der Hocke und dem Stand gegen die Wand spielen.

■ Übungsfolge wie oben; der Ball wird über das Netz in die gegnerische Tischhälfte gespielt.

■ Mit Unterschnittschlag zugespielte Bälle zurückspielen.

■ Topspinschlag auf einen mit Block zugespielten Ball.

Grobform eines Topspinschlages ohne Tisch

■ Weitere Übungsformen: siehe Treibschlag.

Beachte: Durch die Möglichkeit, die Geschwindigkeit des Armzuges zu variieren, können Topspinschläge dem Ball einen unterschiedlich starken Drall verleihen. Dieses taktische Mittel sollte beim Spiel seine Anwendung finden.

Fehler – Fehlerkorrektur

Der Ball geht ins Netz
▶ Schlägerblattstellung beachten.
▶ Schnellere Schlagarmbewegung durchführen.

▶ Schlagarmbewegung von unten nach oben ausführen.

Der Ball geht über die Grundlinie
▶ Schlägerblatt schließen.
▶ Ball später annehmen.

Der Ball geht über die Seitenlinie
▶ Seitlich zum Ball stellen.

Schläge mit Rückwärtsdrall

Schupfschlag

Stoppschlag

Später Unterschnittschlag

Früher Unterschnittschlag

Bei folgenden Schlagarten erhält der Ball einen Rückwärtsdrall, der in seiner Stärke unterschiedlich sein kann:

- Schupfschlag,
- früher Unterschnittschlag,

Früher Unterschnittschlag

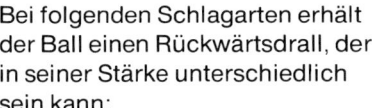

- später Unterschnittschlag,
- Stoppschlag.

Bis auf den Stoppschlag stellen diese Schlagarten die Grundschläge im Verteidigungssystem dar. Im Halbdistanzsystem werden sie in Verbindung mit den »Angriffsschlagarten« eingesetzt (siehe Taktik).

61

Ausholphase

Technik

TIP

Durch den Schupfschlag will man den Ball im Spiel halten und Fehler vermeiden. Deshalb sollte man ihn »sicher« spielen. Da viele weitere Schlagarten auf den Schupfschlag aufbauen, muß dieser technisch perfekt und sicher beherrscht werden.

Technik
Ausgangsstellung

VH: Leicht geöffnete Fußstellung, linker Fuß vor, rechter Fuß zurück. Ausnahme: Muß der Ball in der Nähe des Netzes gespielt werden, steht der rechte Fuß vor dem linken. – RH: Die Füße stehen parallel zur Grundlinie und etwa schulterbreit auseinander.

Bewegung des Schlagarmes

Die Bewegung ist langsam und mittellang.

Ausholphase (VH und RH): Der im Ellbogengelenk gebeugte Schlagarm wird bei VH zur rechten Seite des Körpers gebracht. Bei RH wird der gebeugte Arm bis zum Körper herangezogen.

Treffphase: Der Ball wird seitlich vor (bei VH) oder vor dem Körper (bei RH) im höchsten Punkt getrof-

Schupfschlag

fen. Der Schlagarm schwingt dabei von hinten waagerecht zur Tischoberfläche nach vorn.

Ausschwungphase: Nachdem der Ball gespielt ist, schwingt der Unterarm bis zur Streckung des Armes nach vorn aus.

Bewegung des Körpers
Ausholphase: Verlagerung des Körpergewichtes auf das hintere Bein.

Treff- und Ausschwungphase: Körpergewicht verlagert sich auf das tischnahe Bein.

Stellung des Schlägerblattes (bei VH und RH)
Während der gesamten Bewegung bleibt das Schlägerblatt geöffnet.

Treffphase

Ausschwungphase

Technik

Grundposition   1

Ausholphase   2

Übungsformen

- Den Ball aus ca. 50 cm Höhe auf den Tisch springen lassen und mit RH über das Netz schupfen.
- Zugeworfene Bälle mit RH zurückschupfen.
- Beide Partner spielen sich den Ball mit RH zu.

Wichtig: Erst wenn der RH-Schupfschlag beherrscht wird, den VH-Schlag üben.

- Dieselben Übungsformen mit der VH ausführen.
- Wechsel von VH und RH.
- Wechsel von kurzem und langem Zuspiel, Wechsel von diagonalem und parallelem Zuspiel.

5

Treffphase   3

Ausschwungphase ▼   4

- Spiel in Zielfelder (z. B. auf der
  gegnerischen Tischhälfte liegen-
  de Schlägertaschen oder andere
  Gegenstände durch gezielten
  Schupfschlag) treffen.

Fehler – Fehlerkorrektur
Der Ball geht ins Netz
▶ Schlagarm weit nach vorn
  durchschwingen. Stellung des
  Schlägerblattes beachten.
Der Ball geht über die Grundlinie
▶ Bewegung des Schlagarmes
  verlangsamen. Weich schlagen!
Der Ball geht über die Seitenlinie
▶ Korrekte Stellung zum Ball ein-
  nehmen. Schlagbewegung nach
  vorn ausführen. Ausschwungbe-
  wegung beachten.

6

Technik

Man unterscheidet hinsichtlich des Treffpunktes des Balles den »späten« Unterschnittschlag vom »frühen« Unterschnittschlag. Diese Differenzierung ist auch deshalb wichtig, weil sich beide Schlagarten in ihrer Technik etwas unterscheiden.

»Später« Unterschnittschlag

Technik
Ausgangsstellung
VH: weite Schrittstellung, linker Fuß vor, rechter zurück. – RH: weite Schrittstellung, rechter Fuß vor, linker zurück.

Bewegung des Schlagarmes
Die Bewegung des Schlagarmes ist lang und langsam.

Ausholphase (VH und RH): Der Arm wird bis ca. Schulterhöhe nach hinten-oben geführt.

Treffphase: Der Ball wird seitlich neben (bei VH) oder seitlich vor (bei RH) dem Körper am Ende der fallenden Phase etwa in Kniehöhe getroffen. Der Schlagarm wird während der Schlagphase durch eine Streckbewegung nach vorn-unten gebracht.

Ausschwungphase: Der Arm schwingt bis zur vollständigen Streckung des Unterarmes nach unten locker aus.

Bewegung des Körpers
Während der Schlagbewegung wird das Körpergewicht vom hinteren auf das vordere Bein verlagert. Der Körper vollzieht außerdem eine Hoch-Tief-Bewegung. Man »geht in die Knie«, wird »kleiner«.

Stellung des Schlägerblattes
Das Schlägerblatt ist geöffnet.

Unterschnittschlag

Grundposition

Ausholphase

2

Ausholphase

vor Treffphase ▲   ▼ Ausschwungphase

4

6

Grundposition Vorhand

Ausholphase

»Früher« Unterschnittschlag

Die korrekte Ausführung erfordert vom Spieler Ballgefühl und gutes Reaktionsvermögen.

Technik
Stellung zum Ball: siehe »später« Unterschnittschlag.

Bewegung des Schlagarmes
Wie beim späten Unterschnittschlag, außer:
- Der Ball wird am Anfang der fallenden Phase etwa in Hüfthöhe getroffen.
- Die Armbewegung verläuft steiler von oben nach unten, sie ist mittellang.

Bewegung des Körpers
Siehe »später« Unterschnittschlag.

Stellung des Schlägerblattes:
Das Schlägerblatt ist senkrecht bis halb geöffnet.

Grundposition Rückhand

Ausholphase

vor Treffphase

Ausschwungphase

Übungsformen

- Zugeworfene Bälle mit Unterschnittschlag zurückspielen.
- Mit Treibschlag zugespielte Bälle zurückspielen.
- Wechsel von diagonal und parallel gespielten Unterschnittschlägen.
- Wechsel von VH- und RH-Spiel.
- Wechsel von Schupf- und Unterschnittschlag. Der Partner spielt dabei abwechselnd Treib- und Schupfbälle zu.

Fehler – Fehlerkorrektur

Der Ball geht ins Netz
- ▶ Schlägerblatt öffnen.
- ▶ Schlagarmbewegung stärker nach vorn-unten ausführen.

Der Ball geht über die Grundlinie
- ▶ Ball später treffen.
- ▶ Bewegung des Schlagarmes stärker von oben nach unten ausführen.

Der Ball geht über die Seitenlinie
- ▶ Auf die seitliche Stellung zum Ball achten.
- ▶ Bewegung des Schlagarmes netzwärts ausrichten.

nach Treffphase

Ausschwungphase

69

Technik Unterschnittschlag

Extremste Form bei der Durchführung
eines späten Unterschnittschlages.
Beachte: Trotz dieser äußerst schwieri-
gen Situation wird die Technik fehler-
frei und ohne Verkrampfung durchgeführt.

Phasenablauf eines RH-Unterschnitt-
schlages:
1– 6 Ausholphase
7– 8 vor und während der Treffphase
9–12 Ausschwungphase

Technik

Bei einem wirkungsvollen Stopp
muß deshalb der Ball möglichst
kurz hinter dem Netz plaziert werden. Diese Schlagart erfordert aus
diesem Grund sehr viel Ballgefühl
und kann erst von Fortgeschrittenen und Könnern wirkungsvoll gespielt werden.

TIP

Könner sollten den Stopp so ausführen, daß er im Ansatz schwer
erkennbar ist. Man täuscht deshalb
den Bewegungsablauf eines An-
griffsschlages vor, um dann den
Gegner mit einem Stopp zu über-
raschen. Deshalb ist der Stopp ein
»Fintenschlag«.

Technik
Ausgangsstellung
Siehe Schupfschlag.

Bewegung des Schlagarmes
Die Bewegung ist langsam und
kurz.

Ausholphase (VH und RH): Der
Arm schwingt nach hinten und
wird im Ellbogengelenk gebeugt.

Treffphase: Der Ball wird seitlich
vor (bei VH) oder vor (bei RH) dem

1

4

Körper am Anfang der aufsteigenden Phase getroffen. Der Schlagarm schwingt waagerecht von hinten nach vorn.

Ausschwungphase: Bei dieser
Schlagart ist nur eine ganz kurze

Stopp

2　3

5　6

Ausschwungbewegung zu verzeichnen.

Bewegung des Körpers
Siehe Schupfschlag.

Stellung des Schlägerblattes
Das Schlägerblatt ist leicht geöffnet.

1 Grundposition
2/3 Ausholphase
　4 nach Treffphase
5/6 Ausschwungphase

73

Technik

Übungsformen

- Den Ball in der eigenen Tischhälfte fallen lassen und unmittelbar nach dem Aufspringen
  spielen.
- Vom Partner zugeworfene Bälle
  »stoppen«.

Merke: Bei einem guten Stopp
muß der Ball mindestens zweimal
in der gegnerischen Hälfte aufspringen, bevor er über die Grundlinie ins Aus geht.

- Mit einem Schupfschlag zugespielte Bälle stoppen.
- Wechsel von Treibschlag und
  Stopp. Der Partner retourniert
  mit Unterschnitt- bzw. Schupfschlag.

TIP

Zuerst den RH-Stopp üben.

Fehler – Fehlerkorrektur

Der Ball geht ins Netz

- ▶ Schlägerblatt öffnen.
- ▶ Ball früher treffen.

Der Ball geht über die Grundlinie

- ▶ Schlägerblattstellung beachten.
- ▶ Schlagarmbewegung kürzer und
  langsamer ausführen.

Der Ball geht über die Seitenlinie

- ▶ Ausgangsstellung beachten.
- ▶ Schlagarm netzwärts nach vorn
  schwingen.

Vorbildlicher VH-Stopp

Technik

In diesem Kapitel werden folgende Schläge behandelt:
- Sidespinschlag
- Ballonschlag
- Flip
- Block.

Diese Schlagarten werden sowohl im Angriffs-, als auch im Halbdistanzsystem angewendet. Ballonschlag und Block gehören auch zum Schlagrepertoire eines Abwehrspielers. Die Spezialschlagarten stellen an den Spieler sehr hohe Anforderungen im technischen und konditionellen Bereich. Sie sollten vor allem vom Fortgeschrittenen und vom Könner trainiert werden. Ohne ihre Anwendung kann man im Leistungssport nicht mehr erfolgreich sein. Aber auch der Anfänger sollte sie in der Grobform erlernen.

Weite Vorlage über den Tisch beim Flip

Sidespinschlag

Block

Ballonschlag

Technik

Dieser Schlag wird **nur** mit VH gespielt. Er ist außerordentlich wirkungsvoll.

Technik
Ausgangsstellung
Leichte Schrittstellung, linker Fuß vor dem rechten.

Bewegung des Schlagarmes
Die Bewegung des Schlagarmes ist lang und schnell.

Ausholphase: Der Arm schwingt weit bis hinter den Rücken aus. Wichtig: Schlägerblatt zeigt nach unten.

Treffphase: Der Ball wird seitlich vor oder neben dem Körper in der absteigenden Phase getroffen. Der Arm vollzieht eine Rotationsbewegung um die Körperlängsachse.

Ausschwungphase: Der Arm wird locker durchgeschwungen, bis der Schläger in Höhe der Schulter ist.

Bewegung des Körpers
Der Körper vollzieht eine extreme Drehbewegung.

Stellung des Schlägerblattes
Das Schlägerblatt ist senkrecht.

1

3

2

4

Sidespinschlag

Übungsformen

- Den Ball aus Kopfhöhe auf den Boden fallen lassen und aus der Bewegung dem Partner zuspielen (ohne Tisch).
- Der Partner wirft Bälle zu, die über die Seitenlinie hinausspringen. Die Bälle werden mit Sidespinschlag retourniert, indem man vorher um die Tischecke läuft.
- Weitere Übungsformen: siehe Topspinschlag.

Fehler – Fehlerkorrektur

Der Ball geht ins Netz
- ▶ Ausholbewegung verlängern.
- ▶ Armbewegung schwungvoller ausführen.

Der Ball geht über die Grundlinie
- ▶ Schlägerblatt schließen.
- ▶ Ball in der fallenden Phase treffen.

Der Ball geht über die Seitenlinie
- ▶ Ausgangsstellung beachten.

1–4 Ausholphasen
5 Treffphase
6–8 Ausschwungphasen

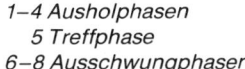

5   7   6   8

Technik

Technik
Ausgangsstellung
VH: Weite Schrittstellung, linker Fuß vor dem rechten. –
RH: Schrittstellung, rechter Fuß vor dem linken.

Bewegung des Schlagarmes
Die Bewegung ist lang und langsam.

Ausholphase (VH/RH): Der Arm schwingt weit nach hinten-unten aus.

Treffphase: Der Ball wird am Ende der absteigenden Phase seitlich neben (bei VH) oder seitlich vor (bei RH) dem Körper getroffen. Der Schlagarm schwingt dabei steil von hinten-unten nach vorn-oben.

Ausschwungphase (VH/RH): Der Arm schwingt bis über Kopfhöhe aus.

Grundposition

vor Treffphase

Ballonschlag

Bewegung des Körpers

Der Körper vollzieht aus der tiefen Hocke kommend eine mitgehende Streckbewegung. Die Verlagerung des Körpergewichts erfolgt bei VH vom hinteren aufs vordere Bein. Bei RH steht das rechte Bein nur leicht vor dem linken.

Stellung des Schlägerblattes

Das Schlägerblatt kann geöffnet bis fast senkrecht sein.

TIP

Zwei Grundsätze sollten beachtet werden:

1. Der Ball muß möglichst hoch gespielt werden.
2. Der Ball muß möglichst in den gegnerischen Grundlinienbereich plaziert werden. Dadurch wird ein gefährlicher Rückschlag des Gegners nur bedingt gegeben sein.

Treffphase

Ausschwungphase

Technik Ballonschlag

Übungsformen

- Den Ball hochwerfen und ihn nach dem Aufspringen auf dem Boden dem Partner mit Ballonschlag zuspielen.
- Zugeworfene Bälle mit Ballonschlag zurückspielen.
- Vom Partner mit Treibschlag zugespielte Bälle mit Ballonschlag retournieren.
- Vom Partner mit Schmetterschlag zugespielte Bälle mit Ballonschlag retournieren.
- Wechsel von VH- und RH-Ballonschlag.
- Wechsel von diagonalem und parallelem Ballonschlag.

Fehler – Fehlerkorrektur

Der Ball geht ins Netz
- ► Längere Bewegung des Schlagarmes.
- ► Auf die korrekte Körperbewegung achten.

Der Ball geht über die Grundlinie
- ► Schlagarmbewegung steiler nach oben ausrichten.
- ► Bewegung langsamer ausführen.

Der Ball geht über die Seitenlinie
- ► Seitliche Stellung zum Ball einnehmen.

Extremsituation beim Ballonschlag

Ausholphase ▼▲

Treffphase

Ausschwungphase

Technik

Der Flip wird eingesetzt, wenn man kurz hinter dem Netz plazierte Bälle mit einem Angriffschlag retournieren will. Um den Flip erfolgreich spielen zu können, ist Handgelenk-Beweglichkeit erforderlich.

Technik
Ausgangsstellung (VH und RH)
Der rechte Fuß steht vor dem linken, um auch kurz plazierte Bälle retournieren zu können.

Bewegung des Schlagarmes
Die Bewegung ist kurz und schnell.

Ausholphase: Bei diesem Schlag ist praktisch keine Ausholbewegung zu verzeichnen.

Treffphase (VH und RH): Der Ball wird im höchsten Punkt vor dem Körper getroffen. Der Unterarm vollzieht eine schnelle Dreh-(Kipp-)bewegung nach vorn oben. Gleichzeitig erfolgt eine schnelle Bewegung aus dem Handgelenk.

Ausschwungphase: Die Ausschwungphase ist sehr kurz. Der Schlagarm ist in der Endphase der Bewegung etwa gestreckt, das Handgelenk ist abgewinkelt.

Bewegung des Körpers
Das Körpergewicht verlagert sich sehr schnell vom hinteren auf das vordere Bein.

Stellung des Schlägerblattes
Das Schlägerblatt ist beim Ballkontakt senkrecht bis halb geschlossen.

Ausholphase   1

Treffphase   4

2

vor Treffphase

3

5

Ausschwungphase

6

Technik Flip

Übungsformen:

- Vom Partner zugeworfene Bälle zurückflippen.
- Vom Partner kurz servierte Aufschläge ohne Drall flippen.
- Desgleichen, der Partner spielt Aufschläge mit Rückwärtsdrall.
- Vom Partner mit Schupfschlag zugespielte Bälle flippen.
- Wechsel von VH- und RH-Flip.
- Wechsel von diagonalem und parallelem Spiel.
- Wechsel von Schupfschlag und Flip.

Fehler – Fehlerkorrektur

Der Ball geht ins Netz

- ► Schlagbewegung früher einleiten, den Ball im höchsten Punkt treffen.
- ► Schlägerblatt öffnen.
- ► Schlagarmbewegung schneller ausführen.

Der Ball geht über die Grundlinie

- ► Handgelenkeinsatz beachten.
- ► Schlagbewegung kürzer und schneller ausführen.

Der Ball geht über die Seitenlinie

- ► Ausgangsstellung beachten.
- ► Schlagarmbewegung netzwärts richten.

Konzentration beim VH-Flip

Technik

Beim Block unterscheiden wir zwischen einem passiven Block und aktiven Block. Während beim passiven Block keine bzw. nur eine kaum sichtbare Bewegung des Schlagarmes bei der Treffphase zu sehen ist, kommt es beim aktiven Block zu einer kurzen Bewegung des Armes. Blockarten werden sowohl im Angriffs-, Halbdistanz- und Verteidigungssystem eingesetzt. Mit den beiden Schlägen können alle Arten von Angriffsschlägen »abgeblockt« werden.

Technik des passiven Blocks
Ausgangsstellung (VH und RH)
Die Füße stehen parallel zur Grundlinie etwa schulterbreit auseinander.

Bewegung des Schlagarmes
Keine. Der Ball wird am Anfang der aufsteigenden Phase seitlich vor (bei VH) oder vor (bei RH) dem Körper getroffen.

Bewegung des Körpers
Keine während der Treffphase.

Stellung des Schlägerblattes
Das Schlägerblatt ist je nach der Stärke des Vorwärtsdralles des einfliegenden Balles senkrecht bis stark geschlossen.

Beachte: Beim VH-Block, der körpernah gespielt wird, zeigt der Schlägerkopf nach schräg oben bis oben.

TIP
Wenn man rasant geschlagene Topspinbälle blocken will, ist es ratsam, den Schlägergriff nur locker zu umfassen.

Grundposition

Ausholphase

Treffphase

VH-Block

RH-Block

Technik

Grundposition

Ausholphase

Technik des aktiven Blocks
Ausgangsstellung
Wie passiver Block.

Bewegung des Schlagarmes
Die Bewegung des Schlagarmes
ist kurz und langsam.

Ausholphase: Der Schläger wird
bei VH seitlich neben und bei RH
vor dem Körper gehalten.

Treffphase: Der Ball wird unmittelbar nach dem Aufsprung getroffen.

Ausschwungphase: Der Schlagarm wird kurz und waagerecht zur
Tischfläche nach vorn ge-
schwungen.

Bewegung des Körpers
Der Oberkörper schwingt während
der Bewegung des Schlagarmes
leicht nach vorn.

Stellung des Schlägerblattes
Wie passiver Block.

Wichtig: Der aktive Block wird
immer dann eingesetzt, wenn
der ankommende Ball keine
ausreichende Geschwindigkeit
hat. Durch das aktive Blocken
kann man solche Bälle hervor-
ragend retournieren.

Übungsformen:
■ Zugeworfene Bälle zurück-
blocken.

Block

Ausholphase

Treffphase

Ausschwungphase

- Die vom Partner mit Treibschlag zugespielten Bälle blocken.
- Wechsel von VH- und RH-Block.
- Wechsel von diagonalem und parallelem Zuspiel.
- Wechsel von Konterschlag und Block.
- Vom Partner mit Topspinschlag zugespielte Bälle blocken.

Fehler – Fehlerkorrektur
Der Ball geht ins Netz
▶ Schlägerblatt senkrecht stellen.
Der Ball geht über die Grundlinie
▶ Schlägerblatt schließen.
▶ Keine Schlagarmbewegung ausführen.
Der Ball geht über die Seitenlinie
▶ Stellung zum Ball beachten.

Taktik

Allgemeine Grundsätze

Definition

Unter Taktik versteht man das Vorgehen unter Einsatz aller technischen, physischen, psychischen und theoretischen Mittel mit dem Ziel, einen Wettkampf zu gewinnen.

Da Tischtennis als Wettkampfspiel sowohl im Verein als auch im Freizeitbereich betrieben wird, sollte jeder Spieler sich mit den Grundprinzipien taktischer Verhaltensweisen vertraut machen. Die Kenntnis bzw. das Befolgen taktischer Grundsätze und das Spielen nach einem taktischen Plan hilft jedem Spieler, mehr Freude am Spiel zu gewinnen.

Ein taktischer Plan zielt ab auf:

- Ausnutzung der äußeren Spielbedingungen.
- Ausnutzung der eigenen Stärken.
- Ausnutzung der gegnerischen Schwächen.

Um die Ziele einer Taktik möglichst zu erreichen, sind planvolle und systematische Maßnahmen

- vor,
- während und
- nach einem Spiel notwendig.

Spielbedingungen

Dazu gehören:

- Spielgerät (Tisch, Netz, Ball)
- Spielstätte (Raum, Licht, Fußboden, Hintergrund, Größe)

- Zuschauer
- Schiedsrichter
- Fahrt.

Spielgeräte

Tisch

Vor dem Spiel möglichst an einem Tisch des gleichen Fabrikats wie der des Wettkampftisches trainieren und einspielen.

Netz

Das Netz sollte vor dem Spiel nachgemessen und die Spannung geprüft werden.

Bälle

Im Training bereits mit der Ballmarke spielen, mit der die Wettkämpfe durchgeführt werden. Neue Bälle »einspielen«, vorher feucht abwischen.

Spielstätte

- Vor dem Wettkampf sich den *Lichtverhältnissen* anpassen. Bei schlechtem Licht sich nicht zu weit vom Tisch entfernen.
- Schlechte *Fußböden* erfordern geeignete Maßnahmen.

TIP

Bei glattem Boden Schuhe mit besonders griffiger Sohle tragen. Evtl. die Schuhsohlen feucht abwischen. Bei stumpfem Boden auf gute Beinarbeit achten.

Grundsätze

Ein heller, reflektierender *Hintergrund* kann ebenfalls das Spielvermögen beeinflussen. Deshalb: nicht zu weit vom Tisch entfernen. Die Größe des Spielraumes bestimmt ebenfalls die Taktik.

TIP
Verteidigungsspieler müssen sich bei kleinen Räumen in ihrer Technik auf kurze Distanzen einstellen.

Zuschauer

Die Zuschauer haben schon häufig ein Spiel entscheidend beeinflußt.

TIP
Niemals durch Zuschauerereignisse irritieren lassen. Erst dann einen Aufschlag ausführen, wenn Ruhe eingetreten ist.

Schiedsrichter

Oft beobachtet man Spieler, die mit den Entscheidungen des Schiedsrichters hadern und dadurch in ihrer Konzentration und im Spielvermögen nachlassen.

TIP
Die Entscheidungen des Schiedsrichters ungerührt anerkennen. Merke: Nicht der Schiedsrichter, sondern die eigene Leistung entscheidet ein Spiel.

Fahrt

Auch die Anfahrt zu einem Spielort kann die Leistung im Wettkampf mitbestimmen.

TIP
Die Fahrt muß so eingeplant und organisiert werden, daß die Ankunft mindestens 1 Stunde vor dem Spielbeginn liegt.

Ausnutzung der eigenen Stärken

Die eigenen technischen Fähigkeiten als auch die des Gegners müssen frühzeitig **vor** dem Spiel richtig eingeschätzt werden. Dazu bedient man sich der Spielbeobachtung und der Spielanalyse.
Zum Verhalten **während** des Wettkampfes können folgende taktische **Basistips** gegeben werden:

- Unnötige Risiken vermeiden.
- Konzentriert spielen.
- Pausen zur Entspannung nutzen.
- Selbst das Spiel machen.
- Das Spiel variieren.
- Bis zum letzten Punkt kämpfen.
- Taktik nur in Ausnahmesituationen ändern.
- Mißerfolge schnell verarbeiten.
- Vertrauen in die eigene Stärke.
- Ausnutzung der gegnerischen Schwächen.

Taktik

Taktik der Spieleröffnungen

Es zeichnet sich im modernen Tischtennis immer mehr die Tendenz ab, daß die Taktik und Technik des Aufschlags und Returns einen großen Einfluß auf Sieg oder Niederlage eines Spiels haben. Grundsätzlich hat dabei der Aufschläger die besseren Möglichkeiten, den Verlauf des folgenden Ballwechsels zu bestimmen. Die richtige Taktik der Spieleröffnung hängt zunächst einmal vom jeweiligen Spielertyp ab. Einen besonderen Platz nehmen die *taktischen Grundstellungen* ein.

Taktische Grundstellungen des Aufschlägers

Angriffssystem: Tischnah, d. h. unmittelbar hinter der Grundlinie auf der RH-Seite. Aus dieser Position kann man am besten mit der VH zum Angriff kommen.

Verteidigungssystem: Ca. 1 m hinter der Grundlinie in Höhe der Tischmitte, da aus dieser Position am besten ein erster Verteidigungsschlag sowohl mit der VH als auch mit der RH ausgeführt werden kann.

Halbdistanzsystem: Hängt von der taktischen Entscheidung ab, ob der Spieler in die Angriffs- oder Verteidigungssituation kommen will.

Spieleröffnung

Taktische Grundstellungen des Rückschlägers

Angriffssystem: Ca. 1 m hinter der Grundlinie in der RH-Seite. Aus dieser Position kann er kurze und lange Aufschläge mit einem Angriffsschlag retournieren.

Stellung im Angriffssystem

Stellung im Verteidigungssystem

Verteidigungssystem: Ca. 1 m hinter der Grundlinie in Höhe der Tischmitte. Dies ist die günstigste Position, um kurze und lange Aufschläge mit einem Verteidigungsschlag zu retournieren.

Halbdistanzsystem: Hängt von der Entscheidung ab, ob er im Angriffs- oder Verteidigungssystem spielen will.

Basistips zur Taktik des Aufschlagspiels

- Aufschlag konzentriert ausführen.
- Den Gegner über die Aufschlagart in Unkenntnis lassen.
- Variantenreich aufschlagen.
- Einen erfolgreichen Aufschlag wiederholen.
- Keine Aufschläge in die Mittelzone.
- Nur kurz oder lang plazierte Bälle stellen den Gegner vor Probleme, einen effektiven Return anzubringen.

Basistips zur Taktik des Returns

- Aufschläger genau beobachten.
- Variantenreich retournieren.
- Konzentriert spielen.

Taktik

Taktik des Angriffsspielers

Das allgemeine taktische Verhalten eines Angriffsspielers ist darauf abgezielt, durch möglichst wenige vorbereitende Schläge zum punktbringenden **Schmetterschlag** zu kommen. Dabei steht er dicht am Tisch.

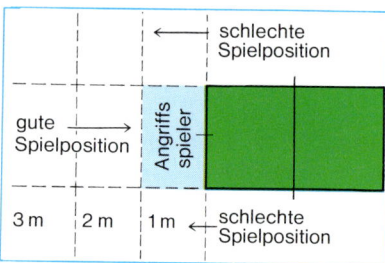

gute Spielposition ← schlechte Spielposition

Angriffsspieler

3 m | 2 m | 1 m ← schlechte Spielposition

Taktische Hauptmerkmale des Angriffsspielers

Aufschlag: Variantenreich.
Schlagarten: Alle Angriffsschlagarten sowie Block und Stopp.
Spieltempo: Schnell.
Spielzüge: Wenig.
Punkterfolg: Durch Schmetterschlag.

Spezielles taktisches Verhalten des Angriffsspielers

Das spezielle taktische Verhalten richtet sich grundsätzlich nach dem Spielsystem des Gegners; folgende Hauptmerkmale müssen beachtet werden:

Angriffstaktik gegen Angriffsspieler

Aufschlag: Variantenreich, in der Regel extrem kurz in die VH-Seite.
Return: Möglichst mit einem Angriffsschlag (z. B. Flip) oder mit einem kurzplazierten Schupfschlag.
Spielverhalten: Variantenreich, schnell mit VH in das Spiel

Angriffsspiel

kommen, Stopp- und Schupfball selten.

Angriffstaktik gegen
Verteidigungsspieler
Aufschlag: Variantenreich, neben kurzen Aufschlägen in die VH-Seite sollten auch langplazierte Aufschläge ausgeführt werden.
Return: Vorwiegend mit einem Angriffsschlag.
Spielverhalten: Mit variantenreichen Spielzügen zum Punkterfolg kommen. Schmetterschlag gut vorbereiten.

Angriffstaktik gegen
Halbdistanzspieler
Aufschlag: Variantenreiche, kurzplazierte Bälle.
Return: Möglichst sofort mit einem Angriffsschlag retournieren.
Spielverhalten: Durch Tempo- und Schlagartenwechsel zum Punktgewinn kommen.

Tischnahe Position des Aufschlägers und Rückschlägers

Taktik Verteidigungsspiel

Taktik des Verteidigungsspielers

Grundsätzlich ist das taktische Ziel eines Verteidigungsspielers dadurch gekennzeichnet, durch Fehler des Gegners zum Punkterfolg zu kommen. Seine Grundposition ist 2–3 m vom Tisch entfernt.

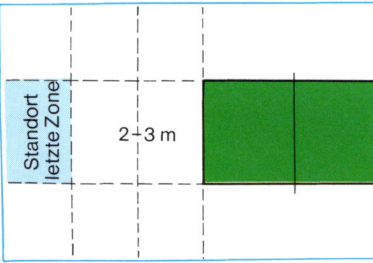

Taktische Hauptmerkmale des Verteidigungsspielers

Aufschlag: Grundsätzlich Unterschnittaufschläge.

Schlagarten: Alle Verteidigungsschlagarten, Variation des Schnittes, Schmetterschlag und Block als Überraschungsschläge.

Spieltempo: Langsam.

Spielzüge: Viel.

Punkterfolg: Durch Fehler des Gegners.

Spezielles taktisches Verhalten des Verteidigungsspielers

Verteidigungstaktik gegen Angriffsspieler

Aufschlag: Unterschnittaufschlag in die RH-Seite.

Return: Schupf- oder Unterschnittschlag.

Spielverhalten: Spieltempo verzögern, durch »Schnittvariationen« den Gegner zu Fehlern zwingen. Auf schlechte Stopp- und Topspinschläge des Gegners Schmetterschläge.

Verteidigungstaktik gegen Verteidigungsspieler

Aufschlag: Unterschnittaufschläge in die VH- und RH-Seite.

Return: Schupf- oder Unterschnittschlag.

Spielverhalten: Durch gutes Plazieren der Bälle in eine gute Position kommen, um so einen Punkterfolg zu erzielen oder den Gegner zu Fehlern zu zwingen.

Verteidigungstaktik gegen Halbdistanzspieler

Taktik wie gegen Angriffsspieler.

Taktik des Halbdistanzspielers

Das allgemeine taktische Verhalten zielt darauf hin, den Gegner durch ein variantenreiches Spiel an der Durchführung seiner Spielkonzeption zu hindern. Der Halbdistanzspieler versucht, je nach Spielsituation, selbst Punkte zu erzielen oder den Gegner zu Fehlpunkten zu verleiten.

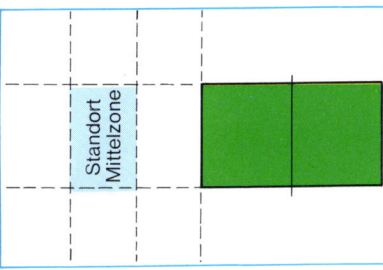

Taktische Hauptmerkmale des Halbdistanzspielers

Aufschlag: Variantenreich.
Schlagarten: Alle.
Spieltempo: Variabel.
Spielzüge: Viel.
Punkterfolg: Situationsbedingt.

Spezielles taktisches Verhalten des Halbdistanzspielers

Halbdistanztaktik gegen Angriffsspieler

Aufschlag: Grundsätzlich kurzplazierte Aufschläge, damit die Angriffsspieler keine Gelegenheit zum harten Angriffsschlag erhalten.
Return: Kurzplazierter Schlag mit Rückwärtsdrall des Balles, um das Spiel nicht zu schnell werden zu lassen.
Spielverhalten: Variantenreich.

Halbdistanztaktik gegen Verteidigungsspieler

Aufschlag: Variantenreich.
Return: Variabel, alle Angriffs- und Verteidigungsschlagarten.
Spielverhalten: Variantenreich.

Halbdistanztaktik gegen Halbdistanzspieler

Aufschlag: Variantenreich.
Return: Wie gegen Angriffsspieler.
Spielverhalten: Viele vorbereitende Schläge, um so in eine für den Punkterfolg günstige Situation zu kommen.

Taktik

Taktik des Doppelspiels

Die richtige Taktik in einem Doppelspiel hängt von den Spielmöglichkeiten der beiden Partner ab. Folgende allgemeine taktische Grundsätze sollten beachtet werden:

1 Beide Partner sollten das gleiche Spielsystem besitzen. Lediglich gute Halbdistanzspieler können sowohl mit einem Angriffs- als auch Verteidigungsspieler harmonieren.

2 Das Laufverhalten und Stellungsspiel der beiden Partner müssen optimal aufeinander abgestimmt sein.

Folgende Grundregeln müssen Beachtung finden:

- Nach dem Schlag gibt der Spieler den Tisch sofort durch seitliches Ausweichen für den Partner frei.
- Dabei gilt (für Rechtshänder): Spielt er den Ball aus der RH-Seite, bewegt sich der Spieler nach links weg. Spielt er ihn aus der VH-Seite, so macht er durch eine Bewegung nach rechts Platz.
- Nach dem seitlichen »Wegsteppen« bewegt sich der Spieler hinter den Partner.

 3 Das Aufschlagspiel muß auf die Spielweise des Partners abgestimmt sein.

Beim Doppel kommt es gerade im Wettkampf auf ein geradezu »blindes« Verständnis der Partner an. Nur dadurch kommen Spielszenen mit dieser Wucht und Dynamik zustande. Um gute Doppelformationen zu finden, sind Experimente angebracht. Spielen Sie deshalb mit mehreren Partnern und wählen Sie dann aus.

Doppel-Aufstellungs-Position

Beachte: Häufig ist es zweckmäßig, unkomplizierte, gut plazierte Aufschläge auszuführen, so daß der Partner beim nächsten Schlag keine Schwierigkeiten hat.

Nach gewonnener Wahl muß die Entscheidung für das Aufschlag- oder Rückschlagrecht nach taktischen Gesichtspunkten erfolgen.

TIP
Häufig ist es vorteilhaft, den Rückschlag zu wählen, da man bestimmen kann, wer den Aufschlag des Gegners annimmt, bzw. »sich stellen« kann.

Bei Fehlpunkten des Partners auf keinen Fall mit ihm hadern, sondern ihn ermutigen; bei guten Aktionen den Partner loben.

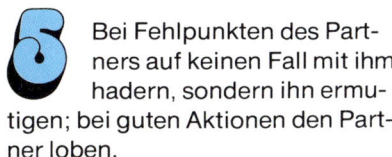

Wechselmethode

Taktik der Wechselmethode

Kommt es in einem Spiel zur Anwendung der »Wechselmethode« (siehe Regelkunde), ist es unbedingt erforderlich, die Taktik dem Regelwerk anzupassen. Folgende allgemeine taktische Grundregeln sollten angewendet werden:

Aufschläger
- Nicht zu hastig und unüberlegt den Punkterfolg suchen.
- Den punktbringenden Schlag durch variantenreiches Spiel vorbereiten.
- Die vorbereitenden Spielaktionen nicht zu spät beginnen, sondern bereits nach dem 3. bis 4. Rückschlag den Schmetterschlag vorbereiten.
- Den punktbringenden Schlag möglichst schon mit dem 9. oder 10. Schlag suchen.

Rückschläger
- Auf »Ballsicherung« spielen.
- Schlechte Spielsituationen des Gegners unbedingt für eigene Angriffsschläge ausnutzen.
- Auf »Rhythmusstörung« spielen.
- Angriffsspieler sollten nie mit Verteidigungsschlägen operieren.

Doppel-Rückschlag-Position

Training

Allgemeine Grundsätze des Trainings

Nach dem heutigen Stand sind folgende Aussagen möglich:

- Durch das Training können die physischen und psychischen Anlagen ausgebildet und gefördert werden.
- Mit dem Training soll rechtzeitig begonnen werden; es soll vielseitig zusammengestellt sein.
- Das Training soll planmäßig und langfristig organisiert sein.

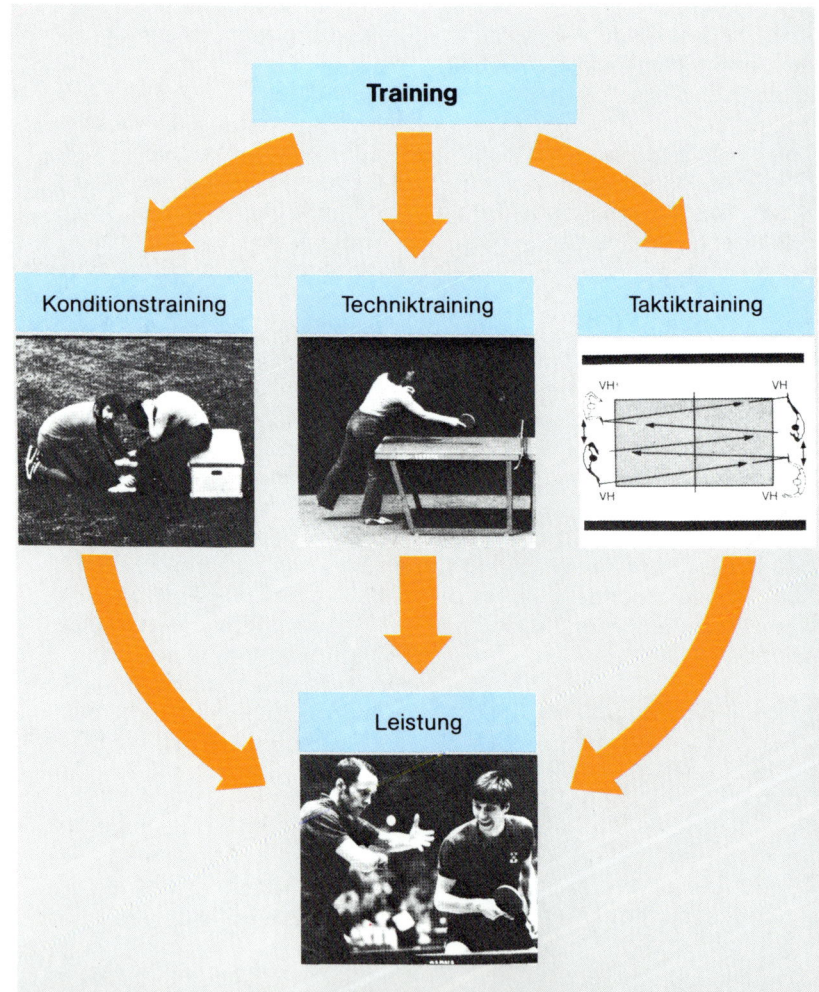

Trainingsgestaltung

- Die Belastung durch das Training wird bestimmt von Alter und Trainingszustand, von der Trainingsbereitschaft und von den Trainingsmöglichkeiten.

Um sich über den Trainingszustand ein reales Bild zu verschaffen, können Sie Tests oder Wettkämpfe durchführen. Ein guter Trainingszustand wird durch eine Reihe von geeigneten Maßnahmen erreicht.

Dazu gehören:
- Trainingsformen.
- Wettkampfformen.
- Trainingsmittel (Sport- und Meßgeräte, Trainingsbücher).

Denken Sie daran: Solange Ihnen das Training Spaß macht, ist es grundsätzlich in Ordnung.

Trainingsgestaltung

Damit die Trainierenden mit Freude am Training teilnehmen und auch den Erfolg ihrer Bemühungen sehen, müssen alle darauf bezogenen Maßnahmen plan- und sinnvoll gestaltet werden.

Hauptsächlich sind es zwei Grundelemente, die die Trainingsgestaltung bestimmen:
- Einteilung der Trainingsstunde,
- Periodisierung des Trainings.

Um jedoch überhaupt mit der Trainingsarbeit beginnen zu können, darf eine »Bestandsaufnahme« der Trainingsvoraussetzungen nicht fehlen.

Dazu gehören:
- Trainingsstunden pro Woche.
- Hilfskräfte.
- Trainingsgeräte und Räumlichkeiten.
- Teilnehmerzahl, Teilnehmerstruktur.
- Leistungsstandard.

Einteilung der Trainingsstunde

Jede Trainingsstunde oder besser Trainingseinheit besteht aus drei Teilen:
- Einleitungsteil.
- Hauptteil.
- Schlußteil.

Einleitungsteil: Ziel: den Organismus »aufzuwärmen« oder wie man auch sagt, »einzustimmen«. Übungen: Beginnen Sie stets mit leichtem Lauf, danach Lauf- und Sprungformen, Gymnastik, Reaktionsübungen, zum Schluß einige Sprints.
Zeit: 10% der Gesamtzeit.

Hauptteil: Ziel: Verbesserung der technischen und taktischen Fertigkeiten für das Tischtennisspiel. Übungen: Trainings- und Wettkampfformen des Tischtennisspiels.
Zeit: 70% der Gesamtzeit.

Schlußteil: Ziel: Harmonischer Ausklang, der aber auch noch zur Verbesserung der allgemeinen Kondition dient. Übungen: Alle Mannschaftsspiele (Fuß-, Hand-, Volley- und Basketball), aber auch Zirkel-Training.
Zeit: 20% der Gesamtzeit.

Trainingsperiodisierung

Trainingsperiodisierung

Für den Vereins- und Verbandssport ist es unerläßlich, das Trainingsprogramm eines Jahres in Perioden aufzuteilen.
Die Aufteilung in drei Perioden hat sich für den Tischtennissport als zweckmäßig erwiesen:

- Vorbereitungsperiode.
- Wettkampfperiode.
- Übergangsperiode.

Die *Vorbereitungsperiode* zeichnet sich durch eine deutliche Akzentuierung im Konditionsbereich aus. In der *Wettkampfperiode* muß die taktische und technische Arbeit im Vordergrund stehen, und in der *Übergangsperiode* sollte ein »spielerischer« Ausklang durch andere Sportarten erfolgen.
Wird eine Periodisierung des Trainings nicht eingehalten, so ist die Gefahr eines »Übertrainings« gegeben. Lustlosigkeit, mangelnder Trainingseinsatz und allgemeines Desinteresse kennzeichnen diesen Zustand.

Wichtig: Für den Freizeitbereich ist natürlich eine klare Konzeption in der Trainingsgestaltung nicht erforderlich. Trotzdem sollte im »verkleinerten« Umfang auf diese Maßnahmen eingegangen werden; denn wenn man nur Tischtennis spielt, können die bereits beschriebenen negativen Tendenzen ebenfalls auftreten.
Für Leistungssportler muß das Training so geplant werden, daß zu den Hauptereignissen die optimale Leistungsfähigkeit erreicht wird. Die Tabelle zeigt die Leistungskurve für den durchschnittlichen Wettkampf-Tischtennisspieler.

Leistungsfähigkeit in den einzelnen Perioden

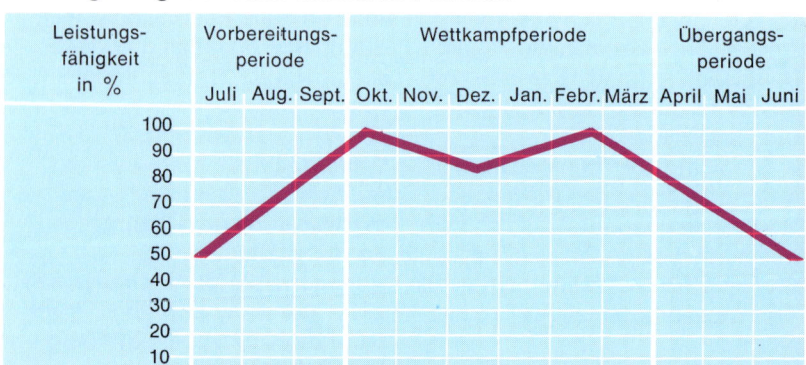

Trainingsbelastung

Ein wesentlicher Faktor für die Aufstellung eines Trainingsplans ist die richtige qualitative und quantitative Einordnung der Trainingsbelastung. Die Belastungshöhe richtet sich nach folgenden Kriterien:

- Alter, Geschlecht.
- Trainingszustand, Gesundheit.
- Freizeit- oder Leistungssportler.
- Temperatur, Tageszeit.

Kennzeichen einer zu starken Belastung während des Trainings sind:

- Pulsschlagzahl geht nur langsam zurück. Auffallend blasse oder rote Gesichtsfarbe.

Nach dem Training können folgende negative Reaktionen auftreten:

- Müdigkeit, Lustlosigkeit, Schwäche.

Dann müssen Sie in der Zukunft in einem niedrigeren Belastungsbereich trainieren.

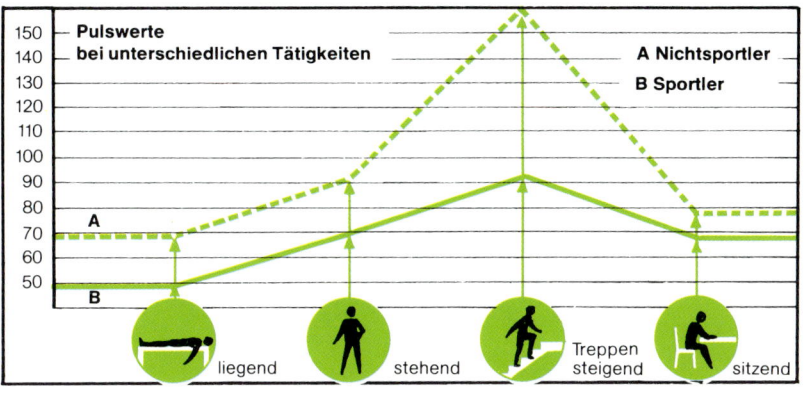

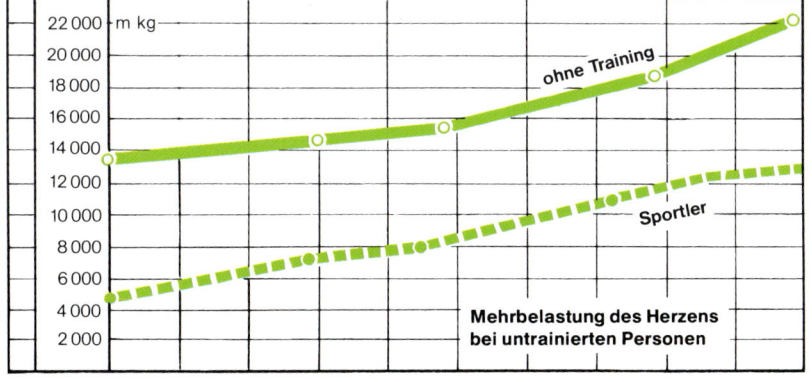

Training

Übungen ohne Tisch

Nach dem Grundsatz »Vom Leichten zum Schweren« gilt es, sich an die Geräte des Tischtennisspiels zu gewöhnen.

1. Übungskomplex: Tippen, Prellen, Balancieren

Ziel: Gewöhnung an Schläger und Ball.

1. Übung: Tippen des Balles auf dem Schläger.
2. Übung: Prellen des Balles mit dem Schläger auf den Fußboden, RH und VH.
3. Übung: Balancieren des Balles auf dem Schläger im Gehen und Laufen mit RH und VH.
4. Übung: Variationsmöglichkeiten der Übungen 1–3:
   - Weich und hart tippen oder prellen.
   - Tippen und prellen im Wechsel.
   - RH und VH im Wechsel usw.

2. Übungskomplex: Spiel gegen die Wand

Ziel: Training der Grundstellungen und der Treffsicherheit.

1. Übung: Ball mit VH oder RH gegen Wand, Tür, Mauer spielen, ihn zurückkommen und einmal aufspringen lassen. Der Ball wird bei dieser Übung dadurch ins Spiel gebracht, daß man ihn direkt gegen die Wand spielt. Entfernung zur Wand: ca. 3 m.
2. Übung: Wie 1. Übung, jedoch über eine an der Wand markierte Höhe spielen (Höhe 1 m).
3. Übung: Zurückkommenden Ball nicht aufspringen lassen, sondern direkt (volley) spielen.
4. Übung: Ein Feld markieren (3 × 3 m) und 1. und 2. Übung darin ausführen.

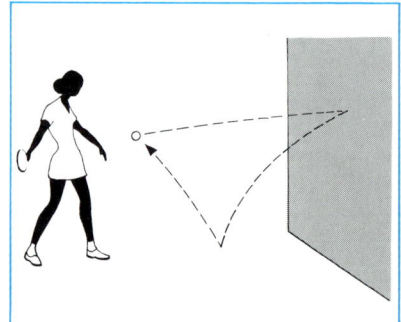

3. Übungskomplex: Spiel über eine Schnur

Ziel: Erlernung der Grobformen des Tischtennisspiels.

1. Übung: Ball mit VH oder RH über eine Schnur schlagen.

2. Übung: Zurückkommenden Ball
   nicht aufspringen lassen, son-
   dern direkt (volley) spielen.
3. Übung: Variationsmöglichkeiten
   der Übungen 1–2.
   - Spiel zu viert (Doppelspiel).
   - Nur parallel oder nur diagonal
     spielen.
   - RH und VH im Wechsel.
   - Weich und hart spielen.
   - Jeden zweiten Ball »direkt«
     spielen usw.

Wichtig: Jetzt spielen Sie bereits Tischtennis auf einem
enorm »vergrößerten Tisch«.

Übungen mit Tisch

Wichtig: Die ersten Übungen
mit Tisch sollten ohne Netz
durchgeführt werden. Der Ball
ist dadurch viel länger im Spiel!

TIP
Auch die einzelnen Schlagarten
sollten vielfach ohne Netz geübt
werden.

Bei den ersten Übungen mit Tisch
sollten Sie folgende Ratschläge
beachten:
- Versuchen Sie, den Ball in die
  Mitte der Tischhälfte des Partners zu spielen.
- Der Ball soll auch weitergespielt
  werden, wenn er über den Tisch
  geschlagen worden ist. Lassen
  Sie ihn in solch einem Fall einmal auf den Boden springen und
  spielen ihn dann zurück.

Übungsbeispiel
Versuchen Sie, den Ball entweder
mit VH oder mit RH über das Netz
zu spielen, nach Möglichkeit in die
Mitte der anderen Tischhälfte.
Ziel: Ball treffen und über das Netz
spielen.

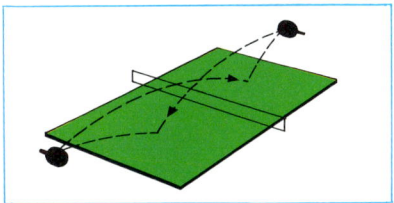

Trainingsformen

Die Übungs- und Trainingsstunden dürfen nicht eintönig aufgebaut sein. Die vielfältigen Trainingsformen bieten die beste Gewähr, das Training zu Hause oder im Verein interessant und freudvoll zu gestalten. Vor allem garantieren sie einen schnellen und relativ gesicherten Lernfortschritt. Das Tischtennisspiel bietet in idealer Weise eine große Zahl von abwechslungsreichen Formen an. Besonders interessant und vorteilhaft ist die Möglichkeit, mehr als zwei Spieler an einem Tisch beschäftigen zu können. Durch Hinzufügen von Hilfsgeräten kann eine Trainingsform ständig ausgeweitet werden und fordert alle Beteiligten geradezu auf, mitzumachen. Folgende Formen bieten sich an:

- diagonales Zuspiel
- paralleles Zuspiel
- Mittellinien-Zuspiel
- Zonen-Zuspiel (Netz-, Mittel- und Grundlinien-Zone)
- Zuspiel in die einzelnen Zonen.

Die angegebenen Formen können wiederum nach folgendem Prinzip variiert werden:

- kurz – lang
- schnell – langsam
- weich – hart
- tief – hoch
- VH – RH.

Wenn Sie bedenken, daß Sie unter den angegebenen Möglichkeiten wiederum alle Aufschlag- und Schlagarten durchführen können, ahnen Sie sicherlich schon die vielfältigen Möglichkeiten, Trainingsstunden zusammenzustellen.

Wichtige Hinweise: Bei der Durchführung aller Trainingsformen muß das Prinzip der Systematik und Planmäßigkeit im Vordergrund stehen. Spielen Sie deshalb grundsätzlich alle Bälle mit dem Ziel, keinen Fehler zu machen.

Die für jede Trainingsform ausgewiesene »Zeit« soll nur einen Mittelwert darstellen. Sollten Sie feststellen, daß Ihnen bereits vor Ablauf dieser Zeitspanne viele Fehler unterlaufen, brechen Sie die Übung ab.

Grundsatz: Üben Sie nur, solange es Ihnen Spaß macht.

Um den Lernerfolg zu steigern, sollten für einen Tisch 30 Bälle zur Verfügung stehen (unerläßliche Forderung für das Vereinstraining!). Durch das Einwerfen neuer Bälle auf den Übenden bzw. die Übenden wird Zeit gespart, der Übungserfolg gesteigert, und außerdem kann der einwerfende Partner noch ständig Korrekturen vornehmen.

Der »Einwerfer« steht an der Seitenlinie des Tisches und in Höhe des Netzes. Er wirft die Bälle diagonal ein.

Trainingsformen

Spiel 1:1

Am wirkungsvollsten ist das häufige Training zu zweit an einem Tisch.
Als Gründe für diese Forderung sind zu nennen:
- Alle technischen und taktischen

Möglichkeiten können hierbei trainiert werden.
- Der erforderliche, wechselseitige Bezug zwischen Trainings- und Wettkampfform ist direkt gegeben.
- Die reale Spielsituation wird geschult.

1. Beispiel
1. Schlagart: Unterschnittaufschlag (beide Spieler).
2. Richtung: Mittellinie.
3. Schlägerseite: RH.
4. Zeit: jeder 5 Minuten.

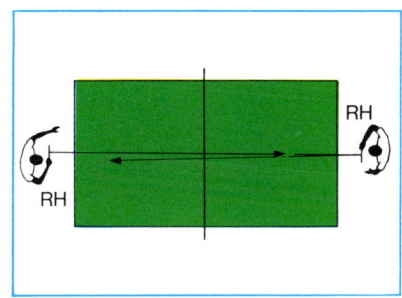

2. Beispiel
1. Schlagart: Aufschläger, Treibball. Rückschläger, Unterschnittball.
2. Richtung: Parallel und diagonal.
3. Schlägerseite: Aufschläger, VH. Rückschläger, RH + VH.
4. Zeit: 10 Minuten.

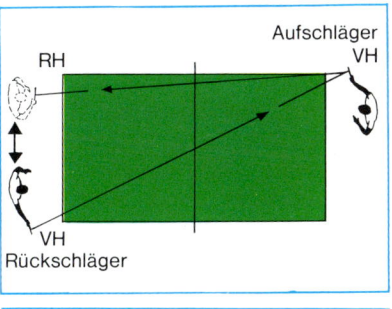

3. Beispiel
1. Schlagart: Kontern.
2. Richtung: Aufschläger, parallel. Rückschläger, diagonal.
3. Schlägerseite: beide VH und RH.
4. Zeit: 10 Minuten.

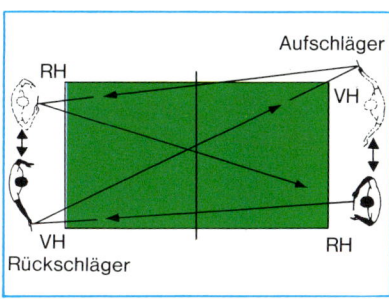

Trainingsformen

Spiel 1:2, 1:3 usw.

Tischtennis können Sie auch mit mehreren Personen an einem Tisch spielen.
Die Vorzüge derartiger Trainingsformen sind:

Effektivere Ausnutzung der Spielzeit
Die langen Pausen, die beim Spiel 1:1 durch das Holen der Bälle gegeben sind, entfallen.

Beschäftigung aller Beteiligten
Da bis zu 10 Personen an einem Tisch üben können, braucht kein Spieler mehr zu warten, unnötige Pausen werden vermieden.

Hohe Lernintensität
Bei allen Trainingsformen kann mit mehreren Bällen und einem »Ball-Einwerfer« operiert werden. Der Ball-Einwerfer kann Korrekturen vornehmen; durch das ständige Spielen kommt es zu keiner Rhythmusstörung des Spielverlaufs; Dosierung und Belastbarkeit können der jeweiligen Situation angepaßt werden.

Vielfältige Variationsmöglichkeiten
Bei diesen Trainingsformen können Sie:
- Hilfsgeräte verwenden,
- Wettkampfakzente setzen,
- 3 bis 10 Personen beschäftigen,
- die Trainingsintensität variieren,
- die Trainingsbelastungen wechseln.

Beachte: Es sollte bei jeder Form zu einem ständigen Wechsel innerhalb der Gruppe kommen, d. h. nach zwei Minuten tauschen alle Beteiligten untereinander.

Hoher Aufforderungscharakter
Unter Berücksichtigung der eben aufgeführten Vorzüge fordern diese Trainingsformen jeden zum Mitmachen auf, da sie lustig und interessant sind und vor allem Spaß machen. Um Mißverständnisse zu vermeiden, sei nochmals ausdrücklich darauf hingewiesen:
Alle Trainingsformen sollen zum besseren und schnelleren Erlernen des Tischtennisspiels beitragen. Das Spiel zu zweit *muß* jedoch im Vordergrund stehen. Eine sinnvolle Übereinstimmung zwischen Trainingsformen und Einzelspiel sollten Sie deshalb stets wahren. Als Richtwert kann angegeben werden: maximal 45 Min. Trainingsformen.

Wichtig: Bei den nachfolgenden Beispielen bezieht sich die Ausführung der »Schlagart« immer auf die Spielgruppe. Als Rückschläger sollte stets ein guter Spieler fungieren.

Trainingsformen

1. Beispiel

1. Spielform: 2:5.
2. Schlagart: Schupfball.
3. Richtung: Mittellinie.
4. Schlägerseite: VH.
5. Zeit: 15 Minuten.
6. Ball-Einwerfer: ja.

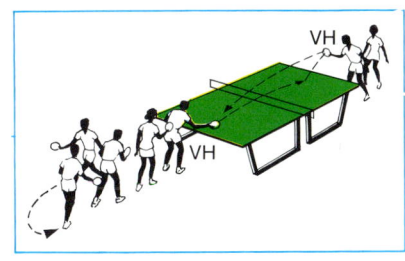

2. Beispiel

1. Spielform: 2:2.
2. Schlagart: Konterball.
3. Richtung: diagonal.
4. Schlägerseite: VH.
5. Zeit: 10 Minuten.

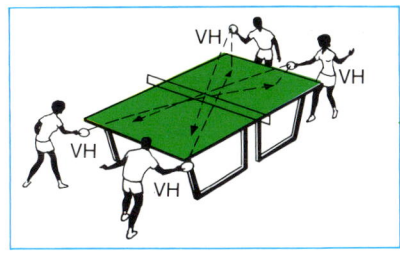

3. Beispiel

1. Spielform: 6 Spieler bewegen sich um den Tisch.
2. Schlagart: Schupfball.
3. Richtung: diagonal.
4. Schlägerseite: RH.
5. Zeit: 10 Minuten (oder nach Punkten, z. B. wer zuerst 5 Fehler gemacht hat, scheidet aus).

4. Beispiel

1. Spielform: 2:5.
2. Schlagart: Konterball.
3. Richtung: Mittellinie.
4. Schlägerseite: VH.
5. Zeit: 15 Minuten.
6. Hilfsgeräte: Langbank.
7. Laufrichtung: rechts um die Langbank herum und dann darüberspringen.
8. 1 Spieler wirft Bälle ein, 1 Spieler sammelt Bälle auf.

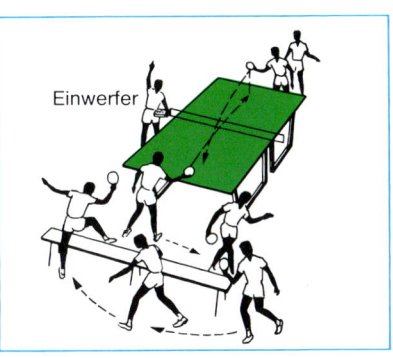

Trainingsspielzüge

Das Trainieren von Spielzügen sollte einen großen Zeitumfang in der Trainingsarbeit beanspruchen. Das Training von Spielzügen macht sehr viel Spaß und bringt die entscheidende Sicherheit für ein erfolgreiches Wettspiel.

Wichtig: Die nachfolgenden Spielzüge können als Grundspielzüge innerhalb der angegebenen Systeme des Einzel- und Doppelspiels angesehen werden.

Bei der Auflistung der einzelnen Schlagarten des gesamten Spielzuges ist davon auszugehen, daß das Rückspiel des Gegners bzw. der Gegner unberücksichtigt bleibt. Aus Gründen der Übersichtlichkeit bestehen die Spielzüge aus 4 – 6 Schlägen.

Beispiele für Spielzüge

Spielsystem, Einzel bzw. Doppel	Schlagzahl	Seite des Schlägers, Schlagart, Richtung bzw. Länge
Angriff Einzel	1. Schlag	RH Aufschlag kurz
	2. Schlag	VH Topspin diagonal
	3. Schlag	RH Stopp diagonal
	4. Schlag	VH Schmettern parallel
Verteidigung Einzel	1. Schlag	RH Aufschlag diagonal
	2. Schlag	VH Unterschnitt diagonal
	3. Schlag	RH Block
	4. + 5. Schlag	VH und RH Ballon
Halbdistanz Einzel	1. Schlag	RH Aufschlag diagonal
	2. + 3. Schlag	RH und VH Konter
	4. + 5. Schlag	RH und VH Topspin
	6. Schlag	Sidespin
Verteidigung Doppel	1. Schlag	RH Aufschlag lang
	2. Schlag	RH Unterschnitt
	3. Schlag	RH Block
	4. Schlag	RH Ballon

Training Gymnastik

Grundsätze

Um die Möglichkeiten des Tischtennisspiels voll erschließen zu können, dürfen Gymnastik- und Konditionsformen nicht fehlen. Sie sollen aber auch gleichzeitig als »ausgleichender« Sport betrieben und verstanden werden. Durch die Kombination von Gymnastik- und Konditionsformen + Tischtennisspiel ist auf jeden Fall die Gewähr gegeben, unseren Organismus »fit« zu halten. Während die Gymnastikformen insbesondere die Geschicklichkeit und Beweglichkeit steigern, zielen die Konditionsformen daneben auf eine allgemeine Verbesserung der Kraft, Ausdauer und Schnelligkeit hin. Die durch die verschiedenartigen Konditionsformen – Kraft-, Ausdauer-, Schnelligkeits-, Beweglichkeits- und Geschicklichkeitsübungen – erreichte »Kondition« versetzt den Sportler in die Lage, den physischen und psychischen Anforderungen einer Sportart gerecht zu werden.

Bevor wir auf die für das Tischtennisspiel besonders geeigneten Formen eingehen, weisen wir darauf hin, daß natürlich auch alle anderen als im folgenden Abschnitt aufgezählten Gymnastik- und Konditionsformen als Ausgleichs- und Ergänzungsübungen durchgeführt werden können. Und denken Sie daran: Eine gute Kondition nutzt Ihnen nicht nur für den Sport!

Spezielle Gymnastikformen

Die Gymnastik hat die Aufgabe
- der Kräftigung (Muskulatur),
- der Lockerung (Muskulatur),
- der Dehnung (Muskulatur),
- der Beweglichmachung (Gelenke).

Die Übungsfolge sollte so angelegt sein, daß ein ständiger Wechsel in der Belastung der Hauptmuskelgruppen (Arme, Beine, Rücken, Bauch) auftritt.

Spezielle Konditionsformen

Grundlage für eine spezielle Konditionsarbeit ist die allgemeine Kondition.

Ein Mindestmaß an
- Kraft
- Ausdauer
- Schnelligkeit
- Koordination (Geschicklichkeit und Beweglichkeitsübungen)

sollte vorhanden sein.

Aus dem Katalog der allgemeinen Konditionsformen sind für jede Sportart die speziellen herauszusuchen.

Für den Tischtennissport können beispielhaft folgende genannt werden:

Training Gymnastik

»Pflugspringen«

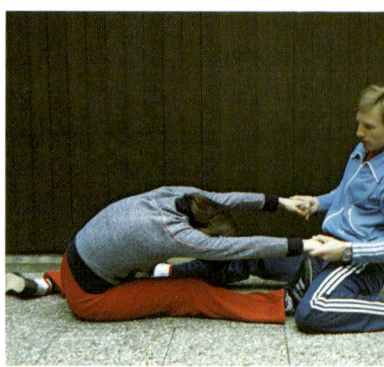

Dehnen im Hürdensitz

In die Hocke gehen und Strecken

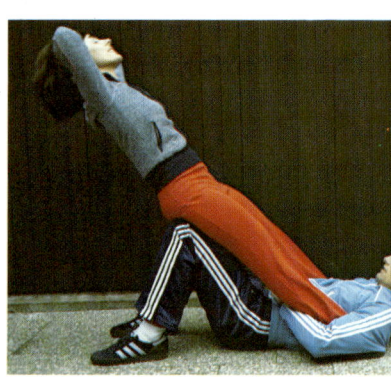

Rumpfsenken und Aufrichten

In die Hocke gehen und Strecken

»Wedelspringen«

Training Kondition

Spezielle Konditionsformen für den Bereich »Kraft«
Übungen
- Kurzhantel-Schwingen (dabei soll der genaue Bewegungsablauf der Angriffsschläger simuliert werden).
- Medizinball-Übungen.
- Hantel-Übungen (z. B. Kniebeugen mit 50–100 kg).
- Bewältigung des eigenen Körpergewichts (Liegestütze, Klimmzüge).

Ziel: Muskelzuwachs und dadurch Kraftzuwachs. Verbesserung der Muskelschnellkraft und Muskelausdauer.

Spezielle Konditionsformen für den Bereich »Ausdauer«
Übungen
- Dauerläufe mit gleichmäßigem Tempo.
- Dauerläufe mit ungleichmäßigem Tempo.
- Langzeitige Intervall-Formen (3 × 1000 m in je 5–6 Min.).
- Alle langzeitigen Trainingsformen am Tischtennistisch.

Ziel: Verbesserung der gesamten Organe. Besonders das Herz-Kreislauf-System wird positiv beeinflußt und funktionstüchtiger gestaltet.

Spezielle Konditionsformen für den Bereich »Schnelligkeit«
Übungen:
Sprints, Reaktionsübungen, alle kurzzeitigen Trainingsformen am Tischtennistisch mit Schnelligkeitscharakter.
Ziel: Verbesserung des Zusammenspiels zwischen Nerven und Muskeln.

Spezielle Konditionsformen für den Bereich »Koordination« (Geschicklichkeits- und Beweglichkeitsübungen)
Übungen
Rhythmus-, Reaktions- und Gymnastikübungen.
Ziel: Vergrößerung des Bewegungsumfangs.

Beispiel: Allgemeine Konditionformen
Das einfachste und wirkungsvollste Mittel, die Grundbasis der Kondition – die Ausdauerfähigkeit – zu verbessern: Einfach laufen!

Training Kondition

Konditionstest

Sie sollten mindestens einmal in der Woche Ihre Kondition testen. Als Test eignet sich in hervorragender Weise ein sogenannter »Circuit-Parcours«.
Der Vorteil dieser Methode:

- Die einzelnen Übungen belasten wechselseitig den gesamten Organismus. Dadurch wird sowohl die Kraft, Ausdauer, Schnelligkeit und Koordination verbessert.
- Der Test kann mühelos in das Trainingsprogramm eingefügt werden.
- Der Grad der Belastungshöhe kann individuell festgelegt werden.
- Das Testergebnis ist sofort feststellbar.

Richtlinien zur Organisation des Konditionstests:
Aufbau von 4–10 Teststationen (je nach Teilnehmerzahl).

An jeder Station zwei Testpersonen (eine übt, die andere registriert das Ergebnis).
Das Testergebnis kann nach zwei verschiedenen Methoden festgestellt werden:

1. Messung der *Gesamtzeit* für die Bewältigung aller Testaufgaben (Beispiel: 6 Stationen, an jeder Station die Übung 10× durchführen = Gesamtzeit).
2. Feststellung der *Gesamtzahl* der durchgeführten Übungen (Beispiel: 6 Stationen, an jeder Station darf die Übung so oft wie möglich innerhalb einer festgesetzten Zeit von z. B. 30 Sek. absolviert werden = Gesamtzahl).

Wichtig: Beginnen Sie bei dieser Trainingsform mit kleinen Belastungen. Denken Sie daran, daß Sie jede Übung auch zu Hause durchführen können. Mit der ganzen Familie macht es den größten Spaß.

**Beispiel für
Tischtennis-Konditionstest
6 Übungen**

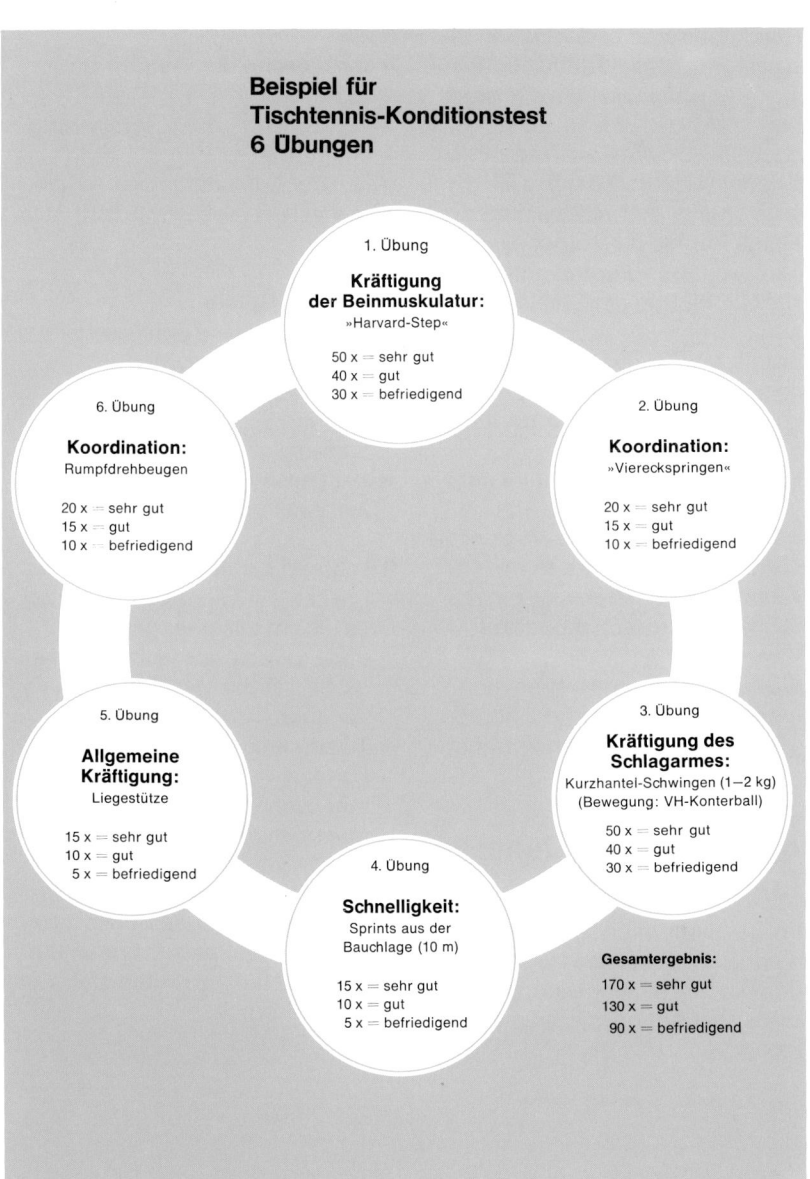

1. Übung

**Kräftigung
der Beinmuskulatur:**
»Harvard-Step«

50 x = sehr gut
40 x = gut
30 x = befriedigend

6. Übung

Koordination:
Rumpfdrehbeugen

20 x = sehr gut
15 x = gut
10 x = befriedigend

2. Übung

Koordination:
»Viereckspringen«

20 x = sehr gut
15 x = gut
10 x = befriedigend

5. Übung

**Allgemeine
Kräftigung:**
Liegestütze

15 x = sehr gut
10 x = gut
5 x = befriedigend

3. Übung

**Kräftigung des
Schlagarmes:**
Kurzhantel-Schwingen (1–2 kg)
(Bewegung: VH-Konterball)

50 x = sehr gut
40 x = gut
30 x = befriedigend

4. Übung

Schnelligkeit:
Sprints aus der
Bauchlage (10 m)

15 x = sehr gut
10 x = gut
5 x = befriedigend

Gesamtergebnis:

170 x = sehr gut
130 x = gut
90 x = befriedigend

Turnierformen Einzel

Durch die verschiedensten Wettspiel- und Turnierformen beim Tischtennis ist die Gewähr gegeben, daß jeder Spieler – gleich welcher Spielstärke – ein freudvolles Erlebnis erfährt. So gibt z. B. der gute Spieler dem schwächeren einige Punkte als Vorgabe und die Mannschaften werden unter Berücksichtigung der Spielstärke aufgestellt.

Damit das Turnier oder der Mannschaftswettbewerb gut gelingt, sollten auf jeden Fall Vorbereitungen getroffen werden:

- Die Wettkampfstätte muß gute Spielbedingungen gewähren.
- Die Teilnehmer müssen frühzeitig eingeladen werden.
- Die Mannschaften müssen der Spielstärke nach aufgestellt werden.
- Das Austragungssystem muß entsprechend den besonderen Motiven der Teilnehmer richtig ausgewählt werden.

Austragungssysteme im Freizeitbereich

Im Freizeitbereich sollte man sich nicht so starr auf das Regelwerk und die im Leistungssport üblichen Austragungssysteme festlegen.

TIPS
Veränderung des Regelwerkes, z. B.

- Verkürzung oder Verlängerung eines Satzes.
- Nur der Aufschläger kann Punkte machen (Volleyball-Zählweise).

Handicap-Spiele

- Der schlechtere Spieler erhält Vorgabe-Punkte.
- Der bessere Spieler darf bestimmte Schläge nicht ausführen.
- Der bessere Spieler muß im Sitzen spielen (warum nicht!).

Tischtennis einmal anders, z. B.

- Die beiden Tischhälften werden ca. 30 cm auseinandergestellt, und es wird ohne Netz über diesen »Graben« gespielt (deshalb »Graben-Tischtennis«).
- Tischtennis im Rundlauf. Hierbei können 4–8 Spieler mitmachen. Wer 5 Mannschaftspunkte macht, muß ausscheiden.
- 1 : 2, 1 : 3, 2 : 4 usw.

Empfehlung: Solche und andere tischtennisähnlichen Spiele machen sehr viel Spaß. Erfinden Sie selbst welche! Ihre Mitspieler werden sich freuen!

Austragungssysteme für Einzelspiele

»Jeder gegen Jeden«

Bei diesem System ist ein optimaler Leistungsvergleich gegeben. Deshalb wird es zur Ermittlung von Ranglisten benutzt und ist auch für die »Familien- und Hausmeisterschaften« gut geeignet. Man sollte jedoch bei der Planung eines Turniers nach diesem System auf jeden Fall den notwendigen Zeitaufwand beachten. Die Teilnehmerzahl sollte daher nicht zu groß sein. Die Anzahl der Spiele errechnet sich wie folgt:

$$Z = \frac{(n-1)\, n}{2}$$

Z = Anzahl der Spiele
n = Teilnehmerzahl

	Brigitte	Karl-Heinz	Rosi	Jürgen	Plazie-rung
Brigitte		1 : 2	0 : 2	2 : 1	3
Karl-Heinz	2 : 1		1 : 2	2 : 0	2
Rosi	2 : 0	2 : 1		2 : 1	1
Jürgen	1 : 2	0 : 2	1 : 2		4

Einfaches K. o.-System

Dieser Austragungsmodus ist unkompliziert und bietet sich besonders bei großer Teilnehmerzahl an.
Prinzip: Wer verliert, scheidet aus; der Gewinner kommt weiter. Die Spieler werden in eine Turnierliste eingelost. Damit nicht die stärksten Spieler zu früh aufeinandertreffen, werden sie »gesetzt«.
Beispiel: Bei einer 16-er-Turnierliste müssen Spieler auf die Positionen 1, 8, 9 und 16 gesetzt werden. Sollte die Liste nicht ganz voll werden, erhalten die »Gesetzten« ein Freilos. Ist die Teilnehmerzahl größer als die Liste aufnehmen kann, müssen Vorspiele gemacht werden.

Einfaches K. o.-System mit Trostrunde

Wie einfaches K. o.-System. Zusätzlich tragen die Verlierer der ersten Runde ebenfalls nach dem K. o.-System eine »Trostrunde« aus. Vorteil dieses Austragungsmodus: Jeder Teilnehmer bestreitet mindestens zwei Spiele.

Doppeltes K. o.-System

Prinzip: Ein Spieler scheidet erst nach der zweiten Niederlage aus. Dadurch ist es möglich, daß ein Spieler, der das 1. Spiel verloren hat, noch Turniersieger werden kann. Dazu muß er zunächst Sieger der »Verliererrunde« werden und dann den Gewinner der »Siegerrunde« zweimal bezwingen.

Turnierformen

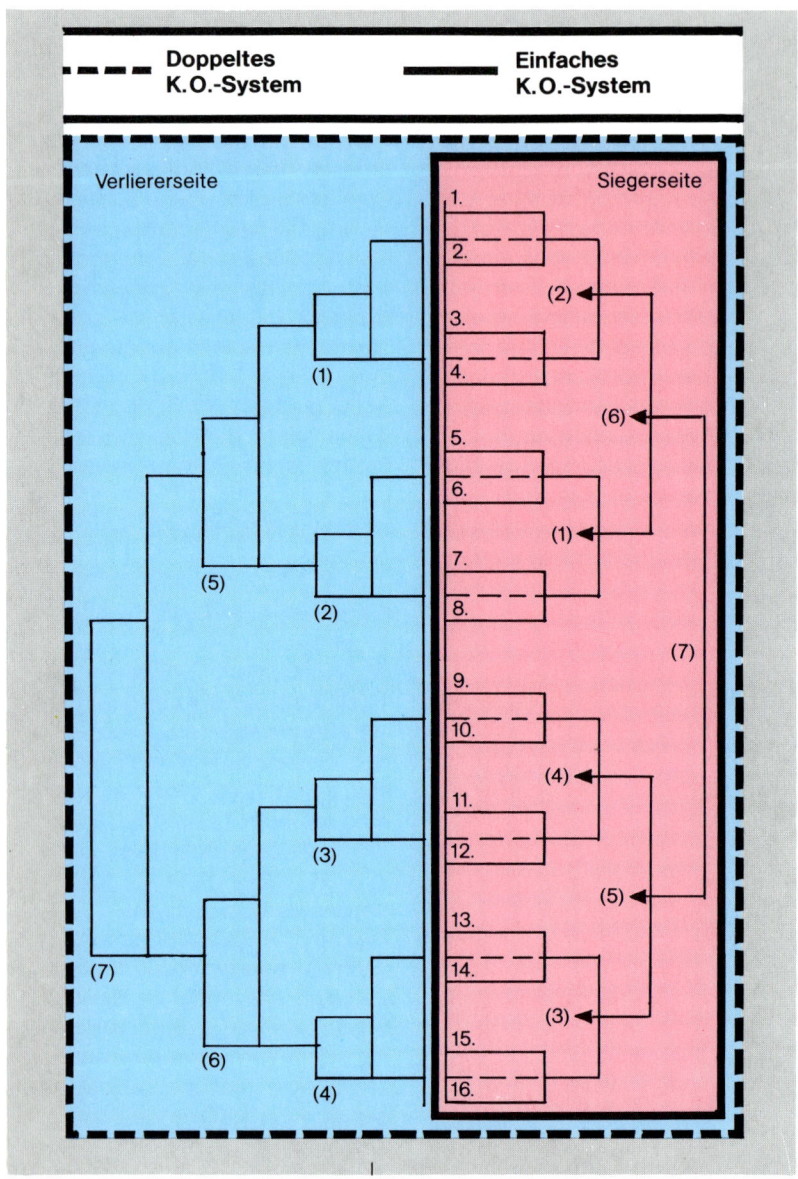

Doppeltes K.O.-System

Einfaches K.O.-System

Verliererseite

Siegerseite

1.
2.
(2)
3.
4.
(1)
(6)
5.
6.
(1)
(5)
7.
(2)
8.
(7)
9.
10.
(4)
11.
12.
(3)
(5)
13.
14.
(7)
(3)
15.
(6)
16.
(4)

Turnierformen Mannschaft

Austragungssysteme für Mannschaftsspiele

Zweier-Mannschaften (Corbillon-Cup)
Zwei Spieler, die nicht der Stärke nach aufgestellt werden müssen, absolvieren 4 Einzel. Nach dem zweiten Einzel wird ein Doppel gespielt.

Spielfolge:

1. A–X	4. A–Y
2. B–Y	5. B–X
3. Doppel	

Der Wettbewerb wird nach dem 3. Punkt für eine Mannschaft, dem Siegpunkt, abgebrochen.

Dreier-Mannschaftssystem (Swaythling-Cup)
Eine Mannschaft besteht aus drei Spielern, die nicht der Spielstärke nach aufgestellt werden müssen. Diese spielen nur Einzel und zwar jeder gegen jeden.

Spielfolge:

1. A–X	6. C–Y
2. B–Y	7. B–Z
3. C–Z	8. C–X
4. B–X	9. A–Y
5. A–Z	

Der Wettbewerb wird nach dem 5. Punkt für eine Mannschaft abgebrochen.

Paarkreuzsystem
Eine Mannschaft besteht aus 4 bzw. 6 Spielern, die ihrer Spielstärke nach aufgestellt werden müssen. Es werden insgesamt 8 bzw. 12 Einzel und 4 Doppel ausgetragen. Dabei spielen im Überkreuzverfahren die einzelnen Paare gegeneinander.

Spielfolge:

1. Doppel A1 – Doppel B2
2. Doppel A2 – Doppel B1
3. A1 – B2
4. A2 – B1
5. A3 – B4
6. A4 – B3
7. A1 – B1
8. A2 – B2
9. A3 – B3
10. A4 – B4
11. Doppel A2 – Doppel B2
12. Doppel A1 – Doppel B1

Der Wettbewerb wird mit dem 7. bzw. 9. Punkt für eine Mannschaft abgebrochen.

121

Turnierformen Mannschaft

Vierer- und Sechser-Meden-System

Jede Mannschaft besteht aus
4 bzw. 6 Einzelspielern, die je ein
Einzel absolvieren. Außerdem werden 2 bzw. 3 Doppel gespielt.
Die Mannschaft ist grundsätzlich
in der Reihenfolge der Spielstärke
aufzustellen.

Spielfolge:

> 1. A4 – B4
> 2. A3 – B3
>   usw.

Europa-Liga-System

Jede Mannschaft besteht aus zwei
männlichen und einem weiblichen
Spieler, die vier Herreneinzel (HE),
ein Dameneinzel (DE), ein Herren-
doppel (HD) und ein gemischtes
Doppel (GD) austragen.

Spielfolge:

> 1. HE1 – 2
> 2. HE2 – 1
> 3. DE
> 4. HD
> 5. GD
> 6. HE1 – 1
> 7. HE2 – 2

Wichtig: Weitere Einzelheiten,
sowie zusätzliche Austragungssysteme können im »Handbuch
des DTTB« nachgelesen
werden.

Regelkunde

Das Tischtennisspiel ist von der Zielsetzung her ein Wettspiel. Das Wettspiel bringt Spannung, motiviert und macht Spaß. Im Wettspiel hat jeder die Möglichkeit, seine Spielstärke festzustellen. Zu jedem Wettspiel gehören natürlich Regeln. Die wichtigsten sollen im folgenden vorgestellt werden.

Zählweise

1. Ein **Spiel** gewinnt derjenige, der zuerst zwei oder drei Sätze (je nach Vereinbarung) für sich entscheidet.
2. Einen **Satz** hat gewonnen, wer zuerst 21 Punkte erzielt hat, vorausgesetzt, es liegt mindestens eine Differenz von zwei Punkten zum Partner vor. Bei einem Spielstand von 20:20 kommt es daher zu einer »Verlängerung«. Sieger des Satzes ist der Spieler, der zuerst zwei Punkte mehr erzielt hat als sein Partner, also frühestens beim Spielstand von 22:20!
3. Einen **Punkt** gewinnt, wer einen Ballwechsel erfolgreich abschließt.
4. Die Punkte des Aufschlägers werden beim Bekanntgeben des Spielstandes stets zuerst genannt.

Wichtige Regeln

Ein Punkt wird erzielt, wenn der Partner folgendes macht:

- Den Ball nicht mehr zurückspielen kann.
- Den Ball nicht auf die gegnerische Tischhälfte plaziert.
- Den Ball in seiner Hälfte mehr als einmal aufspringen läßt, bevor er ihn zurückspielt.
- Den Ball mehrmals hintereinander spielt.
- Den Ball mit dem Schläger annimmt, obwohl er seine Tischhälfte nicht berührt hat. Dabei ist es unerheblich, ob der Ball über, seitlich oder hinter der Tischhälfte berührt wird!
- Den Ball so spielt, daß er im Flug einen Gegenstand berührt (Decke des Raumes, Tiefstrahler u. a.).
- Beim Spielen den Tisch verrückt, das Netz oder den Netzpfosten berührt.
- Mit der freien Hand die Spielfläche berührt.
- Einen falschen Aufschlag macht (siehe Aufschlagregeln).

Ein Ballwechsel wird wiederholt, wenn

- ein Spieler durch ein nicht von ihm verschuldetes Ereignis beim Spielen behindert oder gestört wird,
- der Schiedsrichter den Ballwechsel unterbricht (z. B. aus folgenden Gründen: zerbroche-

Regelkunde

ner Ball, vergessener Seitenwechsel, falsche Reihenfolge
beim Aufschlag),
- während des Ballwechsels die
  fünfzehnminütige Spielzeit ab-
  läuft (siehe Zeitregel).

Aufschlag
- Wer zuerst aufschlagen darf,
  wird durch ein Los entschieden.
  Dabei verwendet man eine Mün-
  ze oder ein Spieler hält unter
  dem Tisch den Ball versteckt.
  Der Losgewinner hat nun vier
  Möglichkeiten:
  1. Er entscheidet sich für den
     Aufschlag.
  2. Er entscheidet sich für den
     Rückschlag.
  3. Er entscheidet sich für eine
     Spielseite.
  4. Er gibt das Los an seinen Geg-
     ner ab.
  Im Regelfall sollte man sich für
  den Aufschlag entscheiden.
  Merke: Nach der Wahl des Los-
  gewinners hat der Verlierer die
  Chance, die übriggebliebenen
  Möglichkeiten zu bestimmen.
- Im folgenden Satz schlägt der
  Spieler auf, der im vorausgegangenen Rückschläger war.
- Der Aufschlag wechselt nach jeweils fünf Punkten. (Ausnahmen:
  Während der »Verlängerung« ab
  dem Spielstand 20:20 und beim
  Zeitspiel wird nach jedem Punkt
  abwechselnd aufgeschlagen).
- Für die Durchführung gelten fol-
  gende Regeln:

▶ Der Ball muß auf dem Handtel-
  ler der freien Hand ruhen.
▶ Die ballhaltende Hand muß
  sich über dem Niveau der
  Spielfläche befinden.
▶ Der Ball muß senkrecht hoch-
  geworfen und mit dem Schläger in der fallenden Phase hinter der Grundlinie bzw. ihrer
  gedachten Verlängerung getroffen werden.
▶ Der Ball muß so aufgeschlagen werden, daß er zuerst in
  der eigenen Spielhälfte aufspringt und nach Überqueren
  des Netzes die gegnerische
  Tischhälfte berührt.
- Ein Aufschlag muß wiederholt
  werden, wenn
▶ der Ball beim Aufschlag das
  Netz oder die Netzpfosten berührt, bevor er in der gegnerischen Spielhälfte aufspringt
  (»Netzaufschlag«),
▶ der Ball nach Netzberührung
  vom Partner angenommen
  wird, ohne daß der Ball vorher
  dessen Spielfläche berührt hat,
▶ der Rückschläger noch nicht
  spielbereit war.

Die Zeitregel (Wechselmethode)
Ist nach 15 Minuten Spieldauer ein
Satz noch nicht entschieden, tritt
die Wechselmethode in Kraft. Für
die Wechselmethode gelten folgende Regeln:
- Der Aufschlag wechselt nach jedem Punkt.

Regelkunde

- Der Aufschläger verliert den Punkt, wenn der Rückschläger den Aufschlag und die folgenden 12 Schläge richtig zurückbringt.
- Tritt die Wechselmethode während eines Ballwechsels in Kraft, wird das Spiel unterbrochen, und bei Wiederbeginn schlägt derselbe Spieler auf; wird zwischen zwei Ballwechseln unterbrochen, schlägt der Rückschläger des vorausgegangenen Ballwechsels zuerst auf.

Merke:
- Kommt die Wechselmethode einmal zur Anwendung, muß nicht nur der betreffende Satz, sondern das gesamte Spiel nach dieser Methode ausgeführt werden.
- Auf Verlangen **beider** Spieler kann die Wechselmethode jeder-

zeit vor Ablauf der 15minütigen Spielzeit eingeführt werden.

Doppelspiele
Alle vorgestellten Regeln gelten sinngemäß auch für Doppelspiele. Folgende zusätzliche Bestimmungen müssen beachtet werden:

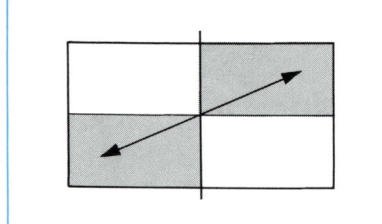

- Aufschlag: Die Mittellinie teilt die Spielfläche beider Partner in zwei Hälften. Der Aufschlag muß aus der *rechten Seite* der eigenen Spielfläche *diagonal* in die

rechte Seite des Rückschlägers ausgeführt werden. Der Ball darf dabei die Mittellinie berühren.

■ Reihenfolge: Zu Beginn eines jeden Satzes bestimmt das Paar, das die ersten fünf Aufschläge macht, welcher der beiden Spieler zuerst aufschlägt. Im **ersten** Satz bestimmt daraufhin das gegnerische Paar, wer von beiden erster Rückschläger ist. In den folgenden Sätzen ist die Reihenfolge des Rückschlägers jeweils umgekehrt wie im vorhergehenden Satz. Im Entscheidungssatz eines Spiels muß das rückschlagende Paar beim Seitenwechsel seine Rückschlagreihenfolge ändern. Die Seiten werden nach dem 10. Punkt nochmals gewechselt.

■ Schlagfolge: Die beiden Doppelpartner müssen sich in der Schlagfolge abwechseln.

Wichtige Regelauslegungen
Folgende Hinweise müssen beachtet werden, damit es zu keinen Differenzen beim Wettspiel kommt:

■ Kantenball: Nur »echte« Kanten-

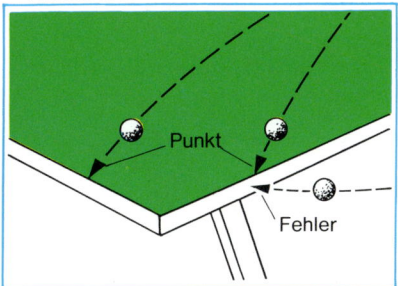

Punkt

Fehler

bälle dürfen gewertet werden, da die **obere** Tischkante zur Spielfläche gehört. Berührt dagegen der Ball die Außenseite der Tischplatte, ist auf »Fehler« zu entscheiden.

■ Netz: Es bedeutet keinen Fehler, wenn ein Ball in die gegnerische Tischhälfte gespielt wird und dabei nicht das Netz überquert, sondern seitlich neben dem Netz oder gar unter den Netzpfosten hindurch plaziert wird.

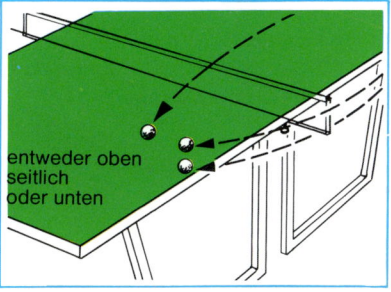

entweder oben
seitlich
oder unten

Wichtig: Im Freizeit-Tischtennis ist es im beiderseitigen Einverständnis der Partner möglich und oftmals sinnvoll, einige Regeln zu »entschärfen«. Jedoch sollten solche Abmachungen auf jeden Fall vorher abgesprochen werden. Bei Fortgeschrittenen und Leistungssportlern sind die internationalen Tischtennis-Regeln bindend und stets anzuwenden. Sie haben sich in Jahrzehnten entwickelt, bewährt und sind vernünftig aufgebaut.

Weitere BLV Bücher – für Sie ausgewählt!

blv sportpraxis 242
Dieter Birkner
spielregeln leicht verständlich
Kleine Regelkunde für die beliebten Rückschlagspiele Tennis, Tischtennis, Squash und Badminton in leicht verständlicher Form mit Kommentaren und Illustrationen.
127 Seiten, 13 Fotos, 100 Zeichnungen

blv sportpraxis 240
Robin Espie/Martin Sklorz
richtig squash
Komplexe, exakte Darstellung von Technik, Taktik, Training, Wettkampf, Ausrüstung und Regelkunde des Squashspiels mit optimaler Text-/Bild-/Grafik-Zuordnung.
2. Auflage, 128 Seiten, 76 Farbfotos, 86 s/w-Fotos, 73 Zeichnungen

blv sportpraxis 226
Ralf Fabig/Karl-Heinz Olinski/Martin Sklorz
richtig badmintonspielen
Ausrüstung, Technik, (Schlägerhaltung, Schlag- und Aufschlagtechnik, Varianten), Taktik des Einzel- und Doppelspiels, Training.
127 Seiten, 97 Farbfotos, 88 s/w-Fotos, 54 Zeichnungen

blv sportpraxis 217
Dieter Melzig/Martin Sklorz
richtig fitnesstraining
Gesundheit und Medizin, Trainingsgrundsätze, Trainingsaufbau und -formen, Ausdauer, Beweglichkeit, Spiele, Fitlife-Programm ABS 90.
2. Auflage, 127 Seiten, 46 Farbfotos, 55 s/w-Fotos, 25 Zeichnungen

blv sportpraxis 210
Franz Wöllzenmüller
richtig jogging – dauerlaufen
Ausrüstung, Lauf-Technik, Trainingsformen, Ausgleichsgymnastik, Trainingsprogramme, Wettbewerb.
4. Auflage, 127 Seiten, 21 Farbfotos, 14 s/w-Fotos, 12 Bildserien, 38 farbige Zeichnungen

Kay Porter/Judy Foster
Mentales Training
Der moderne Weg zur sportlichen Leistung: Praxisbuch zum Erlernen und Anwenden der Techniken des mentalen Trainings mit Arbeitsblättern zur Erarbeitung persönlicher Leistungsziele.
151 Seiten

blv sportwissen 410
Peter Konopka
Sporternährung
Leistungsförderung durch vollwertige und bedarfsangepaßte Ernährung: Grundlagen, sportartenspezifische Ernährungsrichtlinien.
2. Auflage, 190 Seiten, 10 Fotos, 48 Zeichnungen, 74 Tabellen

Vivian Grisogono
Sportverletzungen erkennen und behandeln
Vorbeugen von Sportverletzungen, Verletzungsmöglichkeiten einzelner Körperteile und Muskelgruppen, Erste-Hilfe-Maßnahmen, Behandlungsmöglichkeiten, Rehabilitations-Programme.
214 Seiten, 7 Fotos, 316 Zeichnungen

In unserem Verlagsprogramm finden Sie Bücher zu folgenden Sachgebieten:

Garten und Zimmerpflanzen · Natur · Haus- und Heimtiere · Angeln, Jagd, Waffen · Sport und Fitness · Pferde und Reiten · Wandern und Alpinismus · Auto und Motorrad · Essen und Trinken, Gesundheit · Basteln, Handarbeiten, Werken.

Wünschen Sie Informationen, so schreiben Sie bitte an:
BLV Verlagsgesellschaft mbH, Postfach 40 03 20, 8000 München 40.

BLV Verlagsgesellschaft München